KB254091

知默 講說

初發心自警文

知默 講説

初發心自警文

초판 발행 ｜ 2002년 1월 25일
7 쇄 발행 ｜ 2024년 5월 13일
강설자 ｜ 지묵 스님
펴낸이 ｜ 김 동 금
펴낸곳 ｜ 우리출판사
출판등록 ｜ 제9-139호
주　소 ｜ 서울특별시 서대문구 경기대로9길 62
전　화 ｜ (02)313-5047 · 313-5056
팩　스 ｜ (02)393-9696
E-mail ｜ woribooks@hanmail.net
홈페이지 ｜ www.wooribooks.com

ISBN 978-89-7561-158-2 03220
ⓒ지묵 2002, Printed in Korea

값 18,000 원

• 잘못 제작된 책은 교환해 드립니다.

知默 講說

初發心自警文

우리출판사

책을 내면서

冬天 活潑潑
氷湖 晦冥冥
除夜 風雪惡
元旦 鶴三聲

겨울 하늘 활발발함이여
빙호수는 어두컴컴하도다
제야에 풍설이 사나움이여
설날 아침에 학이 끼억 끼억 끼억 세 번 울었도다

≪초발심자경문≫ 3부작은 내 꿈이었다. 스무 해 전 해인사(海印寺) 행자실(行者室) 중강(仲講)으로 있으면서 손으로 써서 엮은 ≪초발심자경문≫ 난자집(難字集, 단어장)에서 내 꿈은 시작되었다.

제1부작은 ≪초발심자경문≫ 목판본이다. 이 탁본을 정리해서 책으로 엮어내느라고 1988년 그 해 한철은 외부와 담을 쌓고 지냈다. 대본은 내 거처가 있는 조계산(曹溪山) 송광사(松廣寺) 화엄전(華嚴殿) 안의 장경각 소장본이다. 열 판 이상이 아주 못쓰게 되어 보판 수준으로 살려내는 작업을 어둡고 좁은 골방 안에서 필름을 통해서 해냈다. 여기서는 내 전각하는 솜씨를 십분 발휘했다. 한자 한 획을 새로 판각하는 기분으로 살려내야 했으니까.

≪초발심자경문≫ 언해본은 고문(古文)을 새로 익혀 가면서 현대

어로 옮겼다. 이 책은 국문학 연구분야에서도 전라도 옛 방언의 연구에 한몫을 한다.

제2부작은 ≪초발심자경문≫ 난자집이다. 소책자판과 일반 보급판 두 종류로 낸 때는 1995년. 손으로 쓴 최초의 ≪초발심자경문≫ 난자집은, 각 행자실마다 복사하고 또 복사해서 글씨를 알아보기 힘들 정도로 낡은 난자집인데 이로써 숨어버렸다.

제3부작은 ≪초발심자경문≫ 강설이다. 법보신문에 약 일년 반 가량 연재해서 이제 끝을 맺었다.

연재하는 기간은 인욕하는 시간이었으나, 목적의식이 나를 성취하는 기쁨으로 이끌어주어, 괴로운 중에도 뿌듯한 보람을 느꼈다.

여시인연(如是因緣)이란 말을 생각한다.

이와 같은 인연이었다.

독서와 여행의 예로써 두어 개를 든다.

그냥 독서하는 사람과 독후감이나 다른 사람에게 책 내용을 이야기하려는 사람과의 차이는 적지 않다. 또 여행의 경우, 여행기를 쓰려는 사람과 그냥 즐기려고 여행하는 사람과의 차이는 크다. 목적의식이 중요하다.

부처님은 사바 중생을 깨우치기 위하여 이 세상에 오셨다. 이와 같은 인연으로 우리도 이 사바 세계에 온 뜻이 분명하면 할수록 삶의 의미가 진지해질 것이다.

그냥 부모가 낳아준 것으로 그냥 사는 사람과 목적의식을 가지고, 말하자면 부처님과 같은 일대사인연(一大事因緣)을 마음속에 담고 사는 일은 대단히 중요하다고 생각한다.

이와 같은 인연은 자각을 통해 깨우칠 수만 있으면 좋으련만! 만일 그렇지 못한 경우라면 선지식의 도움이 필요하다. ≪초발심자경문≫은 이런 뜻에서 깊은 가르침이 있다.

≪초발심자경문≫의 번역 강설본 혹은 참고본은 역대로 재료가 풍부한 편이다. 다음은 근래에 출간된 책들이다.

첫째, 운허(耘虛) 스님본. 법보원. 1968년.

둘째, 탄허(呑虛) 스님본. 불서보급사. 1971년. 난자와 해설. / 도서출판 교림. 1982년. 특징은 한역 직역 형식.

셋째, 종진(宗眞) 스님본. CD. 송광사 강원 불교자료 CD. / 은해사 승가대학원 장경각 CD.

넷째, 한정섭(韓定燮) 거사본. 법륜사. 1974년.

다섯째, 필자본. 불일출판사. 1988년. 목판 영인 및 언해본 현대어 옮김. / 우리출판사. 1995년. 난자집 및 직역.

여섯째, 만춘(滿春) 스님본. 경서원. 1997년.

첫 입산 행자에서부터 노덕 고승에 이르기까지 ≪초발심자경문≫은 애독되어 ≪천수경≫과 함께 한국불교의 초석이 되었다.

인수불욕 귀산수도(人誰不欲 歸山修道)
사람이 누군들 산에 들어가 수도하고자 하지 않으리요마는
이위부진 애욕소전(而爲不進 愛欲所纏)
이에 나아가지 못함은 애욕에 얽매인 탓이니라
연이불귀 산수수심(然而不歸 山藪修心)
그러나 산중 숲 속에 들어가 마음을 닦지 못하여도
수자신력 불사선행(隨自身力 不捨善行)
자신의 힘껏 선행을 버리지 말지니라
자락능사 신경여성(自樂能捨 信敬如聖)

제 욕락을 능히 버리면 믿어 공경하기를 성인과 같이 하고
난행능행 존중여불(亂行能行 尊重如佛)
어려운 행을 능히 행하면 존중하기를 부처님과 같이 하느니라

이 글은 처음에 배운 ≪초발심자경문≫ 구절이다. 송광사에 출가한 첫날이었다. 강의실에 속복을 입은 청강생으로 들어가서 가만히 듣고 앉아 있자니 만감이 오간다. 처음부터 끝까지 아름다운 글귀로 이어진 ≪초발심자경문≫은 책을 펼칠 때마다 연꽃의 향기로움이 묻어 나오는 듯하였다.

옷 주머니에 메모지를 담고 다니면서 밭에서, 부엌에서, 설거지통 옆에서, 수시로 외웠다. 물론 해우소(解憂所, 화장실)에서 공부하는 시간에는 책을 옆에 끼고 다녔다. 이때 포켓용 소책자가 절실하게 필요했다. 뒷날 소책자 ≪초발심자경문≫을 만들어낸 것은 바로 이때의 경험을 되살린 데서 온 것이었다.

이제 제3부작으로 원하였던 강설본이 이뤄져서 감개무량하다.

그동안 따뜻한 마음으로 성원을 보내주신 여러분께, 차가운 눈빛으로 분심(忿心)이 부글부글 끓게 한 역행(逆行) 도우(道友) 여러분께, 특히 틀린 데를 지적해주신 수류화개실(水流花開室) 법정(法頂) 큰스님, 명성각(明星閣) 법흥(法興) 큰스님을 비롯한 여러 어른 스님께 정례(頂禮)올립니다.

壬午 新正

石牛子 謹誌

차 례

제 2 장　發心修行章

제 3 장　自警文

제1장 誡初心學人文

해 설

계초심학인문(誠初心學人文)

이 책은 본문 907자로 구성된 한국판 백장청규(百丈淸規)이다. 본래는 1205년 동안거(冬安居)를 시작할 때에 수선사(修禪寺) 중창 불사 회향을 기념으로 하여 발표된 수선사의 청규(淸規)였다. 수선사는 송광사(松廣寺) 이전의 옛 이름으로 불사 전에는 지금 화엄전 규모의 3,40칸 정도밖에 안 되는 작은 암자에 불과하였다. 당시 지눌(知訥) 스님의 춘추는 마흔 일곱 살이었다.

우리는 율장(律藏)에서 부처님 당시의 수도생활 모습을 찾아볼 수가 있듯이 《계초심학인문(誡初心學人文)》을 통해서 송광사 스님네의 청정한 수도생활 모습을 찾아볼 수가 있다. 생활 주거 공간인 가람 구조는 조선 말기까지만 해도 수선사 · 용화전 · 문수전 · 화엄전 · 해청당 · 임경당 · 도성당 등으로 구역이 확실한 칠전당(七殿堂)을 유지해 왔으며, 조계산 이 도량은 지내본 이들이 한결같이 말하는 '어머니의 태반(胎盤) 안에 든 것같이 아주 편안하고 조용하여 은거(隱居)하기에 딱 좋은 분위기'이다.

조선 초기부터는 《초발심자경문(初發心自警文)》 한 권으로 엮어져서 전국 사찰 규모의 청규로 널리 보급되기에 이르렀다. 그만큼 이 《초발심자경문》의 내용이 당시 상황에 어울리고 아주 많이 필요하였다고 볼 수가 있다. 그리고 이 이후부터는 우리나라 스님네의 저서인 ≪초발심자경문≫이 소의경전(所依經典)의 하나로 널리 읽히기 시작하였으니 이때를 불교의 자립이 잘 다져진 시기로 보아도 무방할 것이다.

내용을 살펴보면, 우리나라의 승가풍토에 맞도록 백장청규의 정신을 다시 결집한 것이 많고 몇몇 군데는 문장을 그대로 옮겨온 부분이 있다. 이 까닭은 물론 지눌 스님이 부처님의 근본 정신으로 돌아가 수행하기 위해서는 계정혜(戒定慧) 삼학(三學), 특히 계율과 그 시대 그 환경에 맞는 청규가 바탕이 되어야 한다고 믿었기 때문인 것이다.

저자 지눌(知訥) 스님은 한국 불교를 중흥시킨 분으로, 신라의 원효(元曉) 스님, 고려의 지눌(知訥) 스님, 조선의 서산(西山) 스님 등, 어떤 관점에서는 우리나라 삼대 스승의 한 분으로 꼽히는 선지식이라고 할 수가 있다.

조계산 노납 지눌 지(曹溪山 老衲 知訥 誌)

조계산은 지눌 스님이 선종의 정맥 육조 혜능(六祖惠能) 스님의 종지를 잇는다는 뜻에서 기존의 산명 송광산에서 바꾼 것이다. 육조 혜능 스님의 행화(行化)도량은 광동성 조계산 남화사(南華寺)이다.

보통 글쓴이를 '해동 사문 목우자 술(海東 沙門 牧牛子 述)'이라고 하고 있으나 송광사(松廣寺) 목판본을 따른다. 조계산 송광사 화엄전에는 3,900장의 목판을 봉안한 판전(版殿)이 있다. 여기 계초심학인문(誠初心學人文) 목판본에서 옮겨온 내용이 '조계산 노납 지눌 지(曹溪山 老衲 知訥 誌)'이다. 이것은 1612년에 판각한 것.

이와 같이 송광사 진장(珍藏) 초발심자경문(初發心自警文) 목판본을 저본으로 삼고 의심나는 부분은 다른 본에서 보충할 것이다.

과(課)는 편의상 행자실 강의 노트에서 '초발심자경문(初發心自警文) 49과'를 토대로 하였다.

≪계초심학인문(誡初心學人文)≫의 내용은 세 문단으로 나눈다.

첫째 문단은, 처음 발심하여 입산한 초심자들의 언어습관, 몸가짐과 마음가짐을 가르친 사미(沙彌)의 청규. 부초심지인(夫初心之人)~영향상종(影響相從)까지 내용이다.

둘째 문단은, 일반 대중 청규. 거중료(居衆寮)~기위유지혜인야(豈爲有知慧人也)까지 내용이다.

셋째 문단은, 선원 납자 청규. 주사당(住社堂)~끝까지 내용이다.

名言名句

양언일구 삼동난(良言一句 三冬暖)

어진 말씀 한마디로 삼동 추위 따뜻하고

악어상인 유월한(惡語傷人 六月寒)

악담으로 상한 마음 삼복에도 추워지네.

제1과 夫初~妄說

夫初心之人은 須遠離惡友하고 親近賢善하야 受五戒十戒等하야 善知持犯開遮하라 但依金口聖言이언정 莫順庸流妄說이어다

초심자는 반드시 좋지 않은 스승으로부터 멀리 떠나고 선지식을 친근히 모셔야 하며, 오계 십계 등 계를 받아서, 지키고 어기며, 열고 닫을 줄을 잘 알아야 하느니라. 오직 성인의 금쪽 같은 말씀만을 의지할 것이요, 용렬한 이들의 망언은 따르지 말아야 하느니라.

부초심지인(夫初心之人)

'부(夫)' 자는 문어(文語)에서 평문(平文) 첫머리에 놓는 글자이다. '대저'의 뜻.

'초심지인'은 초심자, 초발심자(初發心者). 처음 도를 닦겠다고 마음을 일으킨 사람이며, 맑고 깨끗한 마음을 지닌 입문자(入門者)를 가리킨다. 법성게에 '초발심시 변정각(初發心時 便正覺)'이란 말이 있다. 깨닫고 보니 초발심 바로 그때가 깨달음의 순간이었다는 말이다. 이만큼 초심 시절이 깨달음을 성취한 순간과 같다는 뜻

이다. 돌고 돌아보니 본래 제자리에 와 있었다는 한 도인의 말과 부합하는 말이다.

수원리악우(須遠離惡友) 친근현선(親近賢善)

‘수(須)’자는 조건을 나타내는 부사로 반드시, 모름지기의 뜻.

‘원리(遠離)’는 멀리 떨어지다는 뜻.

‘악우(惡友)’는 나쁜 이, 악지식(惡知識)이며 ‘선우(善友)’는 착한 이, 선지식(善知識)이다. 이 부분 풀이는 여태까지 좀 막연하였는데 다행히 강설자의 스승이신 해인사 종진(宗眞) 스님의 명백한 풀이에 힘입어 주저 없이 선지식, 악지식으로 풀이한다.

현선은 악우의 반대. 선지식이다. 옛사람들은 도덕이 높은 이를 기준 삼아, 도덕이 완성된 이부터 성인(聖人)·현인(賢人)·선인(善人)으로 구별하였다.

선지식을 친근히 하는 네 가지 좋은 법을 사선법(四善法)이라고 한다.

① 친근선우(親近善友). 선우를 친근히 하면 선우와 함께 선법(善法)을 항상 담론할 수가 있다. 선우를 가까이 할수록 모든 악법(惡法)은 없어지며 선근(善近)은 잘 자란다.

② 전심청법(專心聽法). 전심(專心) 전력으로 법문을 들을 수 있으며 이때에 정법(正法)을 들으면서 선근을 키워 나간다.

③ 계념사유(繫念思惟). 정법을 듣고 그 뜻을 곰곰이 생각해서 마음에 계합한다.

④ 여법수행(如法修行). 들은 정법 내용에 따라서 수행을 바르게 할 수가 있다. 번뇌(煩惱)·생사(生死)의 고(苦)를 끊어 적멸(寂滅)

의 도를 성취한다. [華嚴經 探玄記 권18. 華嚴孔目章 권4「四親近章」大明三藏法數 권17]

오계십계(五戒十戒)

① 불살생(不殺生) : 산목숨을 해치지 않겠으며, 자비로운 마음으로 모든 중생을 사랑하겠습니다.

② 불투도(不偸盜) : 주지 않는 물건을 갖지 않겠으며, 보시를 행하겠습니다.

③ 불음행(不淫行) : 음행[재가자의 경우는, 사음(邪淫)]을 하지 않겠으며, 순결을 지키고 자기 극복의 힘을 키워 청정한 삶을 살겠습니다.

④ 불망어(不忘語) : 거짓말을 하지 않겠으며, 남에게 피해와 아픔을 주는 말을 삼가고 진실한 말을 하겠습니다.

이상이 불계(佛戒)의 근본 사계(四戒)이고 성계(性戒)이다. 사미 10계, 비구 250계, 비구니 348계 등도 모두 이 근본 사계를 벗어나지 않는다.

⑤ 불음주(不飮酒) : 술은 취하도록 마시지 않겠으며, 술을 멀리하여 늘 맑게 깨어 있는 삶을 살겠습니다.

이상이 재가자와 출가자의 공통인 기본 오계이고 아래 십계까지 합해서는 사미(沙彌)십계이다.

⑥ 부좌와 고광대상(不坐臥高廣大床) : 높고 너른 큰 침상에 앉거나 자지 않겠으며, 검소하게 생활하겠습니다.

⑦ 불착 화만영락 향유도신(不着華鬘瓔珞香油塗身) : 꽃다발이나 목걸이를 걸지 않겠으며, 향유를 바르지 않고 몸에 꾸밈이 없이 살겠습니다.

⑧ 부자 가무작창 고왕관청(不自歌舞作唱故往觀聽) : 노래하고 춤을 추지 않겠으며, 짐짓 가서 구경도 하지 않고 수도 정진만을 하겠습니다.

⑨ 불착 금은전보(不着金銀錢寶) : 몸에 금은 보배를 지니지 않겠으며, 무소유의 삶을 살겠습니다.

⑩ 비불시식 불양가축(非不時食不養家畜) : 정오가 지나서는 음식을 먹지 않겠으며, 가축을 기르지 않고 출가정신대로 살겠습니다.

선지지범개차(善知持犯開遮)

계율이 청정하게 지켜질수록 승가와 불교는 더욱 발전한다. 계율은 바로 불교의 생명이기 때문이다.

지범개차법(持犯開遮法), 줄여서 개차법(開遮法)은 선지식이 계율의 언어문자를 자구(字句)대로 잘 따르지 않았어도 오히려 언어문자대로 잘 지킨 이보다 훨씬 더 부처님의 근본정신을 잘 살린 경우로 보고 이를 정법화(正法化) 한다.

계율은 벽이 아니고 문이다. 벽은 항상 굳게 막혀 있으나 문은 그렇지 않다. 열려야 할 때에는 열리고 닫혀야 할 때에는 닫힌다. 이것이 바로 개차법이다.

개차법을 잘 쓴 선지식의 경우를 보면, 백장(百丈) 스님은 비구는 일을 하지 말라는 비구계를 파하고, 하루 일을 하지 않으면 하루 먹지 않는다는 선농일치(禪農一致) 사상을 주창하여 천년의 총림 가풍을 일깨웠고, 서산(西山) 스님은 비구는 전쟁터에 가지 말라는 비구계를 파하고 승병을 몸소 일으켜 호국불교 기치를 높이 받들게 하였으니 눈밝은 선지식의 일거수일투족(一擧手一投足)은 이와 같이 법 밖에서도 법 아닌 것이 없는 것이다.

지계(持戒) 차계(遮戒)는 계율을 지키는 것이고, 범계(犯戒) 개계(開戒)는 계율을 파하는 것이다. 선지식이 어떤 경우에는 계율을 굳게 지키라[遮戒] 하기도 하고, 또 어떤 경우에는 계율을 파하는 것을 허락하기도[開戒] 한다.

언어문자로 한번 정해진 계율은 좁은 테두리 안에 갇히고 또 굳은 화석이 되어버린다. 삶은 살아 움직인다. 그렇기 때문에 살아 움직이는 시대와 사회 속에서 벌어지는 언어 밖의 다양한 케이스를 계율로써 다 적용할 수는 없다.

선지식은 수정할 것은 수정하고 보완할 것은 보완하며 때로는 범위를 좀더 넓혀서 내면으로는 계율을 더 잘 지키기 위한 것이지만, 외형으로는 일단 계율을 파하기도 한다. 왜냐하면 큰 법익(法益)을 위해서는 작은 법익을 버릴 수밖에 없기 때문이다.

불계(佛戒)는 부처님만이 개폐가 가능하다. 그렇기 때문에 청규가 필요해지며, 그 시대 그 사회의 생활 규범인 청규는 안목이 열린 선지식이 제정하여 공포할 수밖에 없다. 청규(淸規)는 불계를 어떻게 더 잘 살리느냐에 중점을 두고 제정하기 때문에 설사 불계와 청규는 서로 어긋난 부분이 있다 하더라도 근본에 있어서는 계율을 파하였다고 볼 수가 없다.

제2과 旣已~傷人

旣已出家하야 參陪淸衆인댄 常念柔和善順이언정 不得我慢貢高니라 大者는 爲兄하고 小者는 爲弟니 儻有諍者어던 兩說을 和合하야 但以慈心相向이언정 不得惡語傷人이어다

이미 출가하여 청정한 대중을 모시고 지내는 바에는, 항상 부드럽고 화목하며 착하고 순종함을 생각할지언정, 아만심에서 제 잘난 체 하지는 말라.

먼저 계를 받은 이는 형이요, 나중에 계를 받은 이는 동생이라. 만일에 말다툼을 하는 이가 있으면 양설로 화합시켜서 오로지 자비심에서 서로 어울리게 할 것이며 심한 말을 써서 사람의 마음을 상하게 하지는 말라.

기이출가(旣已出家)

출가(出家)에는 의복 출가, 몸 출가, 마음 출가 등 세 가지가 있다. 출가자의 옷차림을 하였어도 출가가 아니고, 세속을 벗어나 산에 살고 모양다리를 갖추어 삭발을 하였다고 하여도 아직은 출가가 아니다. 오직 집착의 집, 삼계(三界)에서 벗어나 마음에 걸림이 없다면 이것을 일러 참다운 출가라고 말한다.

　부처님이 제자들에게 출가를 하도록 권한 것은 부처님 이전에도 인도 사회에서는 수행자들이 자기 집을 떠나서 진리탐구의 생활을 했기 때문이었다. 예나 지금이나 마찬가지로 수도에 전념하기 위해서는 역시 출가의 방법을 택할 수밖에 없는 것이다.

화합(和合)

　다도(茶道)의 네 가지 정신이 화경청적(和敬淸寂)이며 선(禪)의 정신 역시 화경청적(和敬淸寂). 화기애애하면서 그 가운데에 공경스런 마음을 잃지 않는다. 간혹 한쪽으로 치우쳐서 친해지고 부드러워지면 기본 예의까지 잊으나, 화합은 그런 게 아니다. 도인은 청정 적적한 마음에서 우러나오는 영아행(嬰兒行)을 한다. 어린애와 같이 부드러우면서 화기가 넘치고, 착하기는 말을 할 수 없으며 순하디 순하다[柔和善順].

　생명은 물 흐름처럼 흐르는 것. 모난 돌처럼 툭 튀기만 하고 뻣뻣해지면 독불장군 소리를 듣는다. 이만큼 화합이 최우선한 것이 불교이다. 우리 역사에서 거목(巨木)이신 원효 스님. 원효 스님이 살아 생전에 하신 일을 단 두 글자로 표현한다면 화쟁(和諍)인데 매우 시사하는 바가 크다. 벼가 익어지면 고개가 숙여지듯이 큰스님네들도 공부를 할 때에는 대쪽같이 뻣뻣하다가도 더 익어지면 유화선순(柔和善順)으로 돌아오는 게 보통이다.

　스님을 가리키는, 중 승(僧)은 범어의 승가(saṃgha 僧伽)를 줄인 말. 번역하면 중(衆)이고 뜻은 화합(和合)을 가리킨다. 율장에서는 비구계를 받은 네 사람 혹은 세 사람 이상이 화합하면서 모여 산다는 뜻에서 승가란 말을 쓴다.

제3과 若也~遠離

若也欺凌同伴하야 論說是非ㄴ댄 如此出家는 全無利益이니라 財色之禍는 甚於毒蛇하니 省己知非하야 常須遠離어다

만일 도반을 업신여겨서 시비를 논설한다면, 이와 같은 출가는 전혀 이익이 없느니라. 재물과 여색의 화는 독사보다 심하니, 제 몸을 살펴서 그릇된 점을 알아, 항상 멀리 여의어야 하느니라.

재색지화(財色之禍)

"여색 같은 유혹이 이 세상에 한 가지여서 다행이지 만일 두 가지였더라면 도를 닦을 마음이 나지 않았을 것이다."
라고 부처님도 술회하셨다.

재물과 여색은 물론이고 지은 복(福)까지도 집착하면 공부인에게는 윤회의 근본이 되며 과거 현재 미래 삼생(三生)의 원수라고 효봉(曉峰) 스님은 표현하셨다. 소유에 끄달리기 때문이다.

우리에게는 대개 행복의 비밀이 소유(所有)에서 오는 듯이 보이지만 최대 최악의 불행 역시 소유에서 온다는 사실을 종종 잊는데,

중생 마음인 여래장(如來藏)의 다스리기 어려운 점이다. 여래장(如來藏)은 진여(眞如)가 번뇌 속에 묻혀 있을 때이고 번뇌에서 벗어나면 법신(法身)이다.

필요하지만 소유에 매이는 건 금물. 공부인에게는 특히 독약이다.

대원사 공양간 벽에 붙은 글귀를 보니 정말 밥에 대한 고마움으로 가득 차 있다. 소유(所有)하면서도 이만한 고마움이라면! 특히 끝 구절에, 그게 사람이 아닌 거여, 하는 소박한 말씨가 마음에 와 닿는다.

밥

천천히 씹어서
공손히 먹어라
봄에서 한여름 겨울까지
그 여러 날 비바람 땡볕으로
익어 온 쌀 곡식 채소 아닌가
그렇게 허겁지겁 삼켜버리면
어느 틈에 고마운 마음이 들겠느냐
사람이 고마움을 모르면
그게 사람이 아닌 거여

제4과　無緣～越序

無緣事則不得入他房院하며 當屏處하야 不得强知
他事하며 非六日이어든 不得洗浣內衣하며 臨盥漱하야
不得高聲涕唾하며 行益次에 不得搪揆越序하며

　반연(攀緣)이 있는 일이 아니면 다른 이의 방이나 요사채에
들어가지 말며, 남이 가려둔 곳에서는 구태여 알려고 애쓰지
말며, 6일이 아니면 내의를 세탁하지 말며, 세수하고 양치질
을 할 때에는 큰소리로 코 풀거나 침 뱉지 말며, 대중 공양을
받을 때에는 당돌하게 차례를 어기지 말며,

행주좌와(行住坐臥)

　옛사람의 공부인 예법은 물 하나라도 쏟아 부을 때에, 한 번에
왈칵 붓지 않고 세 번 나누어서 따복따복 붓도록 가르쳤다. 얼굴
을 씻고 이를 닦을 때에도 한편으로 마음을 씻고 마음을 닦는 것
이며 이렇게 행주좌와(行住坐臥)의 쉬운 가르침 속에도 담겨 있는
뜻은 깊다.

당병처 부득강지타사(當屏處 不得强知他事)

　첫째 풀이는, 지나가다가 실내에 햇볕 가리개나 발이 쳐져서 가

려진 곳 등은 굳이 들추어서 들여다보지 않는다.

둘째 풀이는, 불미스런 일은 특히 그렇고 남이 감추고 싶어하면 더 이상 캐묻지 않는다. 또 다른 사람이 알지 못하도록 중요한 일을 의논하는데 억지로 가서 듣고 알려고도 하지 않는다. 그렇기 때문에 공부인은 다른 사람의 일에 대하여 좋든지 궂든지 신경 쓰지 않는다. 이런 사정을 모르고 출가자의 과거 인연을 물어, 무슨 사연이 있어 출가를 했으며, 속가에서는 무슨 직장을 가졌는가 등등을 캐묻는 것은 큰 실례이다.

비육일(非六日)

지금은 거의 사장(死藏)된 언어. 옛날 세탁물은 이 · 벼룩 · 빈대 등 물것이 많아 솥에 삶아야 했고 그러자니 본의 아니게 살생을 많이 하게 되었다. 삶을 때에 '발보리심(發菩提心)하라' 하고 발원하지만 그렇다고 살생을 면한 것도 아니었다. 기왕이면 죽는 날이 곤충류의 길일(吉日)이면 좋았다. 길일은 3일, 13일, 23일과 6일, 16일, 26일인데 후자 6일자만을 택하였다. 제석천에 의해 특별히 곤충류가 제도되는 날이기 때문에 이날 죽으면 좋은 데로 간다고 믿었기 때문이다. 당시 송광사 수백 명 대중의 마음 씀씀이가 이렇게 자상했던 것이다.

요근래에 범어사에서는 옛 가풍을 되살린다는 취지인지, 동산(東山) 노사 당시부터 대중공사에 의해 6일, 16일, 26일에 삭발 목욕 세탁을 해오고 있다.

다른 근거로 육재일(六齋日)이 있다. 사천왕(四天王) 권속이 제석천의 명을 받아 사천하(四天下)를 순시, 선악을 낱낱이 보고하는 여섯 날이 육재일인데 바로 6일이라고 한다. 8일은 동천왕, 14일은 남천왕, 15일은 서천왕, 23일은 북천왕이 직접 순시하고 29일과 30일은 권속을 보내 순시한다. 이 6일을 두려워하여 흉일이라고 하며, 또는 다른 뜻으로 악귀가 짬을 보는 날이라고도 한다. 비시불식(非時不食) 계를 지켜 오후에는 음식을 먹지 않으며 새옷으로 갈아입고 세탁을 하는 등 여법(如法)하게 지내야 복덕을 갖춘다고 한다.

지금 다섯 총림 선원에서는 결제 대중이 14일과 그믐 전날에 삭발을 하고 목욕과 세탁도 한다. 보살계 경전 ≪범망경(梵網經)≫에서 보름과 그믐날에 포살(布薩)법회를 가지도록 정하고 있고 그 전날에 준비하는 과정에서 삭발 목욕을 하기 때문이다.

옛 백장청규 가풍을 말하는 문헌에서는 목욕하는 날이, 곡우(穀雨)에서 하지(夏至)까지는 5일에 한 번, 하지에서 처서(處暑)까지는 매일, 처서에서 추분(秋分)까지는 5일에 한 번, 추분에서 곡우까지는 반달에 한 번 하였다고 한다. 가까운 일본의 경우는 정규 삭발 목욕일이 4일, 9일로 한달에 여섯 번으로 스님네의 머리가 조금이라도 길어질 새가 없는데 출가위상을 말하는 방포원정(方袍圓頂)이란 말과 같이 네모난 가사에 둥근 머리 모습이다.

제5과 經行~廻避

　經行次에 不得開襟掉臂하며 言談次에 不得高聲
戱笑하며 非要事어던 不得出語門外하며 有病人이어든
須慈心守護하며 見賓客이어든 須欣然迎接하며 逢尊
長이어든 須肅恭廻避하며

　걸을 때에는 옷깃을 벌리고 팔을 흔들지 말며, 말을 할 때에
는 큰소리로 떠들거나 희롱하여 웃지 말며, 긴요한 일이 아니
면 산문 밖에 나가지 말며, 환자가 있으면 자비스런 마음으로
보살피며, 객을 대하게 되면 흔연히 맞아들이며, 어른을 만나
면 공손하게 길을 피해야 하느니라.

경행(經行)

　경행은 행도(行道)라고도 하는데 범어로 Vihāra 비하라(毘訶羅)
이다. 몸을 풀기 위한 운동으로, 공부인이 좌선 중에 일어나서 일
정한 구역을 지나는 것을 말한다. 망상이 떠오르거나 졸음이 올 때
다리가 아플 때 경행을 한다. 특별한 예로 잠이 많았던 춘성(春城)
스님의 경우는 밤에 잠을 쫓기 위해 경행으로만 정진하며 지냈다고
한다.

큰방에서 대중이 함께하는 것은 50분 좌선 정진에 10분 간 포행(布行)인데 포행 방향은 탑돌이 방향과는 달리 시계 바늘이 움직이는 반대 방향이다.

우요불탑공덕경(右繞佛塔功德經 전1권)에는 왜 오른쪽, 혹은 왼쪽으로 돌아야 하는지 그 까닭을 설명한다.

당대 실차난타(實叉難陀▷學喜, 652~710 범본 ≪화엄경≫을 가져와서 장안에서 의정, 보리유지와 함께 번역한 역경사 스님) 번역. 작요탑공덕경(作繞塔功德經)이라고도 한다. 이 경은 부처님이 사라불의 청에 따라 불탑을 오른쪽으로 도는 공덕을 게송으로 설하신 내용이다.

가, 우선 재가자 대중이 탑돌이를 오른쪽으로 하면 야차와 귀신의 공양을 친근히 받는다. 또 여덟 가지 어려움인 팔난(八難)을 벗어난다, 용모가 빼어난다, 다음 생에서는 좋은 가문에 태어난다, 용모와 위의가 단정해진다, 등의 공덕이 있다.

나, 재가자 대중이 탑돌이를 오른쪽으로 하면, 4념처, 4정근, 4여의족, 4제(四諦), 근, 력, 각, 도 등을 얻어서, 탐진치 삼독을 벗어나 독각(獨覺)의 정각을 성취하는 공덕이 있다.

우요(右繞)는 우선(右旋)·우요(右遶)로도 쓴다. 방식은 중앙에 탑이나 존상을 모셔두고 있을 때, 탑이나 존상을 기준으로 탑이나 존상에서 보아서 오른쪽으로 첫발을 떼어놓는다. 시계 바늘이 도는 방향이다. 숫자는 3, 5, 7 등 홀수로 센다.

부처님이 살아 계실 때 존경의 예로 부처님을 향해서도 우요(右繞) 세 바퀴를 도는 것은 도는 사람의 오른손이 부처님과 가깝기 때문이다. 인도 풍습으로, 오른손은 귀함의 상징이고 왼손은 천함의 상징이다.

참고로, 서양과 동양의 좌우는 서로 다르다. 동양은 탑이나 존상이 기준이 되지만, 서양은 보는 사람이 기준이 된다. 경전은 동양 사상이 기본이지만, 우리가 학교 교육에서 배운 것이 서양의 방법이기 때문에 좌우가 혼란스럽게 바뀌는 경우가 많다.

≪대지도론≫에서는 우요(右繞)의 공덕을 오복(五福)으로 말한다.

① 후세에 용모가 아주 빼어난 사람으로 태어난다.

② 음성이 청아하고 미묘하다.

③ 천상에 태어난다.

④ 존귀한 가문에 태어난다.

⑤ 나중에는 열반을 증득한다.

이와 반대로 좌요(左繞)가 있다. 시계 반대 방향으로 도는 방법이다.

달리기 경기에서 운동장을 도는 방법 역시 좌요. 야구의 주자 역시 좌요. 이 좌요는 오른손잡이인 사람이 도는 가장 일반적인 방법이다. 오른손 오른발이 발달함에 따라 그 힘이 왼쪽보다 앞서 오른쪽이 빠르고 왼쪽은 처져서, 자연스럽게 왼쪽이 축이 되고 오른쪽이 원의 변이 된다.

≪선림상기전(禪林象器箋 10권 10禮則門)≫에 나오는 말에 따르면, 선방에서 좌선 중 포행을 하는 방향은 좌요이다.

걸음걸이는 임제종 가풍은 무사와 같이 빠른 발걸음이고 소동종 가풍은 반보 간격으로 조심스럽게 떼어놓는 느린 발걸음이다. 또 앉는 방식에서는 벽을 바라보고 앉는 면벽(面壁)은 조동종 가풍이고 서로 마주보고 앉는 대좌(對坐)는 임제종 가풍이다. 이렇게 보면 현재 조계종은 종헌종법에서 임제종 가풍을 종지로 삼고 있다고 밝혔으나 앉는 자세만은 조동종을 따르고 있는 편이다.

고인네는 용행호보(龍行虎步)를 승행(僧行)으로 지키라고 당부하였다. 뒤를 돌아볼 때에는 얼굴과 목만을 돌리지 않는다. 몸 전체를 돌려서 돌아본다. 걸어다닐 때에는 항상 공부인의 자세로 호랑이가 먹이를 노리고 걷듯이 조심스럽게 해야 하는데 수도인은 한시라도 긴장을 풀어서는 안 되기 때문이다.

언담(言談)

절 행자실 벽이나 수련장 양 벽에는 이런 두 글귀가 대개 붙어 있다. 하심(下心)과 묵언(默言). 출가자의 초심(初心)은 이 두 말이면 족하다. 마음은 아주 밑바닥까지 낮추며, 말은 아껴쓰되 성스러운 침묵을 동반하여 필요한 말만을 한다.

빈객(賓客)

빈객은 객승과 참배객 내빈.

옛날에는 객승의 걸망을 뺏다시피 하여 짐을 받아들고 방안으로 모셨다. 그리고는 "인사 올립니다"하고 큰절을 올렸다. 다음에 "공양은 드셨습니까?"하고 묻고는 공양상을 차려서 올렸다. 삼박사일(三泊四日) 머물고 떠날 때까지 조석 문신(問訊)을 다녔을 만큼 빈객 대접은 지극정성이었다.

객이나 내빈은 절 집안에서 삼박사일 이상 머무는 것을 허락하지 않았다. 부득이 더 머물고자 한다면 일단 절 밖으로 나갔다가 들어

오는 방편을 썼다. 일본 절, 중국 절의 경우도 마찬가지.

  가람구조로 보면 빈객을 모시는 곳은 대웅전 좌우 측근에 객당(客堂)이라고 있었다. 대웅전 참배 후에 바로 찾아들기 쉽도록 한 것이다. 이런 객당은 송광사에 6·25 전까지만 해도 대웅전 바로 앞에 있었다고 한다. 종무소를 겸한 용화당이 객당 역할을 한 것인데 지금은 해청당(海淸堂) 뒷전으로 물러나가 멀리 떨어져 있다.

名言名句

중생들은 다음 열 가지 업(業)이 있어 짧은 목숨을 받느니라.

첫째는, 생명을 가진 중생을 스스로 살생하는 것이다.

둘째는, 남을 시켜 살생하는 것이다.

셋째는, 살생을 칭찬하는 것이다.

넷째는, 남이 살생하는 것을 보고 좋아하는 것이다.

다섯째는, 미운 사람이 죽기를 바라는 것이다.

여섯째는, 원수가 죽는 것을 보고 좋아하는 것이다.

일곱째는, 태아를 낙태하는 것이다.

여덟째는, 남을 시켜 아래로 떨어지도록 하는 것이다.

아홉째는, 가두어서 죽게 하는 것이다.

열째는, 둘 혹은 여러 생명이 서로 싸우다가 죽게 하는 것이다.

                                        － 업보차별경(業報差別經)에서

제6과 辨道~雜念

辨道具호되 須儉約知足하며 齋食時에 飮啜을 不得
作聲하며 執放에 要須安詳하야 不得擧顔顧視하며 不
得欣厭精麤하고 須默無言說하며 須防護雜念하며

도구를 마련하되 검약하여 만족할 줄 알며, 공양을 할 때에
는 마시고 씹을 적에 소리내지 말며, 집고 놓을 적에 반드시
조심히 하여 얼굴을 들고 돌아보지 말며, 맛있고 맛없는 음식
을 좋아하거나 싫어하지 말며, 묵묵히 하여 말하지 말며, 잡
념이 일어나지 않게 막으며,

판도구(辦道具)

도구는 부처님이 제정하신 비구의 육물(六物)로, 비구의 몸에서
항상 떠나지 않는 여섯 가지 물건을 가리킨다.

① 승가리 : 9조에서 25조까지의 대의(大衣) 가사. 마을이나 궁
중에 들어갈 때에 입는다.

② 울다라승 : 예불 · 독경 · 포살 때에 입는 중의(中衣) 7조 가사.

③ 안타회 : 울력을 할 때나 잘 때에 입는 하의(下衣) 5조 가사.

④ 철(鐵)다라 : 쇠로 만든 발우 그릇. 응량기.

⑤ 니사단 : 앉을 때에 깔고 앉는 것. 작은 가사 모양으로 생겼는데 좌선이나 재를 모실 때에 쓴다.

⑥ 발리사리벌라 : 물 속의 벌레를 걸러 버리고 물을 마시기 위한 주머니로 녹수낭(漉水囊).

대개 선종에서는 대표적인 것으로 삼의일발(三衣一鉢)을 꼽는다. 검소한 수도생활에서는 승복으로 옷 세 벌에 발우 한 벌이면 족하다는 뜻이다.

검약지족(儉約知足)

만족할 줄 아는 것이 큰 부자요

건강이야말로 큰 재산.

가장 친해야 할 이는 선지식이고

열반은 무엇보다 큰 기쁨.

만족 · 건강 · 선지식 · 열반 이 네 가지는 부처님의 말씀으로, 만족할 줄 알고 검소한 데에서 마음의 큰 부자가 된다는 가르침이다.

다음은 식당 작법으로 발우 습의이다. 여기에는 삼대원칙이 있다. 습관에 따라 조금씩 발우 습의가 다른 경우가 있으나 다음 세 가지 원칙에 어긋나지 않으면 다 같이 수용하도록 하고 있다.

첫째는, 청정(淸淨)이다. 천수(千手) 물이 들어올 때나 나갈 때에 청정한 그대로여야 한다. 백 명이 공양을 들고 발우를 씻었어도 천수 물은 청정해야 한다. 또 음식도 그와 같이 청정해야 한다.

둘째는, 적정(寂靜)이다. 발우를 펴는 데서부터 공양하고 발우를 싸는 데까지 조용한 분위기라야 한다.

셋째는, 위의(威儀)이다. 앉는 자세는 허리를 바로 펴서 앉으며, 시선은 발우와 그 주위만을 본다.

재식(齋食)

재식(齋食)은 스님네의 점심 대중공양을 가리킨다. 오전 9시부터 11시 사이를 사시(巳時)라고 하는데 이 사시에 대중이 점심공양을 한다. 계율에 따르면, 사시가 지난 시간에 불자는 물 이외 어느 것도 먹지 않아야 하는 것이다.

재는 오포사타(烏浦沙陀, 파리어upavasatha, 범어uposatha). 보통 재일(齋日), 증장(增長)으로 번역한다. 다달이 육재일(8, 14, 15, 23, 29, 30)이 있는데 이날 특히 선근(善根)이 증장(增長)한다고 하여 오후불식(午後不食)을 지킨다. 육재일은 생활환경이 변화하여 오후불식 등을 매일 지키기 어려운 불자를 위한 방편법이다.

名言名句

약인정좌 일수유(若人靜坐 一須臾)

만약 어떤 사람이 정좌하기를 잠시 동안만 하여도

승조항사 칠보탑(勝造恒沙 七寶塔)

항하강 모래알만큼 많은 칠보탑을 쌓는 일보다 수승하나니

보탑필경 쇄위진(寶塔畢竟 碎爲塵)

보탑은 부서져 필경에는 티끌로 변해버리지만

일념정심 성정각(一念淨心 成正覺)

일념의 청정한 마음은 정각을 이루기 때문이다.

제7과   須知~道用

須知受食이 但療形枯하야 爲成道業하며 須念般若
心經호되 觀三輪淸淨하야 不違道用이어다

밥을 받는 것이 다만 몸이 마름을 치료하여, 도업을 이루기
위함인 줄을 알아야 하며, ≪반야심경≫을 염하되, 삼륜이 청
정함을 관하여 도용을 어기지 말지니라.

수지수식 단료형고(須知受食 但療形枯)

밥을 받아 먹는 것이 큰 공부의 하나이다. 우선 몸이 마르는 것,
몸이 여위는 것을 방지하기 위해서이다. 한편으로는 몸은 마음을
담는 그릇이다. 그렇기 때문에 몸과 마음은 둘이 아니고 하나이다.
바른 수행이라면 끝없는 욕망에 내맡겨서도 안 되겠지만 지나친 고
행을 일삼아서도 안 된다.

부처님이 피골이 상접할 정도의 고행(苦行)을 하실 때였다. 육체
를 혹독하게 다루어서 죽음 직전에 와 쓰러졌다. 당시 주변에는 이
던 고행사가 낳았다. 불로 뜨겁게 해서 오래 견디기, 가시딤불 속
에 들어가 움직이지 않고 오래 견디기, 물만 먹고 단식하며 오래
견디기, 잠을 안 자고 오래 견디기, 말을 안 하고 오래 견디기 등으

로 초인적인 경지를 맛보고 이를 통해서 해탈하고자 노력하였던 고행자는 부지기수였다. 이때 부처님의 어머니가 꿈에 나타나서 일러준다. 남방의 장경에 들어 있는 내용이다.

"불쌍한 내 아들아, 어쩌자고 그 고행을 하느냐? 몸은 마음을 담는 그릇이다. 그릇이 깨어지면 무엇으로 담겠느냐? 고행을 멈추어라, 내 아들아!"

그리하여, 고행을 멈추고 니련선하로 나아가 목욕을 하고 그때 수자타가 올린 유미죽 공양을 받고 정신을 차린다. 이 이후 부처님은 건너편 보리수 아래서 칠일 낮 칠일 밤 선정 삼매에 들어 깨달음을 성취한다.

위성도업(爲成道業)

　　이 음식은 어디서 왔는고(計功多少 量彼來處)

　　내 덕행으로 받기 부끄럽네(忖己德行 全缺應供)

　　마음의 온갖 욕심 버리고(防心離過 貪等爲宗)

　　몸을 지탱하는 약으로 알아(正思良藥 爲療形枯)

　　도업을 이루고자 이 음식을 받습니다(爲成道業 應受此食)

공양 전후에 외우는 식당작법(食堂作法)으로 소심경(小心經)이 있는데, 이 가운데에 아주 중요한 내용이 오관게(五觀偈)이다.

석문의범(釋門儀範)에 따르면, 옛날 사용했던 ≪반야심경(般若心經)≫ 식당작법은 마하반야바라밀다심경을 포함한, 오관게 등 공양 중에 읊는 염불 전체이다. 보조 스님 당시 사용했던 식당작법이 어떤 내용이었는가는 확실치 않지만 분명한 사실 하나는 280자로 된

'마하반야바라밀다심경 관자재보살 행심반야바라밀다시……' 하고, 이것만을 염송한 것은 아니었다.

관삼륜청정(觀三輪淸淨)

삼륜은 첫째 보시하는 사람, 다음이 보시를 받는 사람, 그 다음이 보시를 하는 물건을 말한다. 청정은 아무 욕심이 없어 맑고 깨끗하다는 뜻.

삼륜청정은 보시(布施) 바라밀이고 보시 바라밀은 삼륜청정이다. 주어도 준 바가 없고 받아도 받은 바가 없다. 이래서 마음속의 어두운 욕심 장벽을 허물어뜨리고 광명에 가득 찬 정각을 드러낸 것이다.

득지본유 실지본무(得之本有 失之本無)란 말은 《벽암록》 원오(圓悟) 스님의 말씀이다. 얻었다 해도 본래 있었던 것, 잃었다 해도 본래 없었던 것, 하는 공(空)의 정신이다. 공(空)은 실체가 없다는 뜻이다. 《금강경》에서는 공의 비유로 여몽환포영(如夢幻泡影) 여로역여전(如露亦如電)하고 다섯 가지를 든다. 꿈으로 여기고 환상·영상과 같이 본다. 아침 이슬과 같고 인연을 만난 번갯불이 순간적으로 스치는 것과 같이 본다. 여기에는 집착을 하려고 해도 집착을 할 대상이 없다. 실체가 아니기 때문이다. 출가자는 평생 시주 은혜를 입게 마련이지만, 그렇다고 마음의 부담이 되어서는 안 된다. 다만, 더욱 도용(道用)을 위해 마음을 쓰리라, 하고 정진하면 되는 것이다.

제8과   赴焚~異境

赴焚修호되 須早暮勤行하야 自責懈怠하며 知衆行
次하야 不得雜亂하며 讚唄祝願호되 須誦文觀義언정
不得但隨音聲하고 不得韻曲不調하며 瞻敬尊顔호되
不得攀緣異境이어다

향 사르고 예불에 나아가되 조석으로 근행하여 스스로 게으름을 꾸짖으며, 대중이 행하는 차례를 알아서 어지럽히지 말며, 범패하고 축원할 때에는 글을 외우면서 뜻을 관할지언정, 다만 음성만 따르지 말고, 곡조를 고르지 않게 하지 말며, 성현을 공경히 우러러볍되 다른 경계에 반연하지 말지니라.

수조모근행(須早暮勤行)

새벽 3시 예불 올리는 일 등이 아침 일과, 조과(早課)이다. 절에서는 옛부터 불전(佛前) 신심을 제일 신심으로 쳐서 불전과 멀어진 이는 그만큼 신심이 덜한 이로 간주를 하였다. 108배 절 하기와 새벽 정진, 독경, 기도 올리는 일은 초심자의 기본이다.

노스님네는 낮이나 저녁에도 예불 시간이 되면 객이 있든 없든 상관 않고 예불 종소리에 맞춰서 법당으로 향하였다. 구산(九山)

스님은 평소에, "숟가락 잡을 심(힘) 있지? 제 발로 해우소 다닐 심(힘) 있지? 그럼, 예불 울력 나와!" 하셨다. 이렇게 중환자가 아니면 예불, 울력, 큰방 공양에 철저한 것이 송광사 노스님의 옛 가풍이다.

자책해태(自責懈怠)

게으름은 망상 번뇌를 자초한다. 절에 처음 입산한 이가 새벽부터 밤 늦게까지 한시도 쉴 새가 없이 동분서주하도록 한 것은 다 까닭이 있다. 밥하고, 법당 청소하고, 변소 청소하고, 노스님네 방 청소하고 아궁이에 불을 때고 밭에 가서 반찬거리를 장만하다 보면 허리를 펼 새가 없이 하루 해가 다 지나간다. 여섯 달 동안 행자생활은 세속의 물을 빼고 출가의 물을 들이기 위해서 꼭 필요한 기간이다. 만일 한가해진 시간이 있으면 망상번뇌 때문에 괴로움을 느끼게 될 것이다.

그래서 행자는 불교학 같은 학문을 통해 교리를 익히기 보다는 마소와 같이 힘든 일을 하는 것을 종(宗)으로 삼는다. 이 가운데에 스스로 터득하는 출가 정신이 있고 이 공부가 뒷날 발심에서 부처님처럼 정각을 증득하기까지의 알찬 밑거름이 되는 것이다.

지중행차(知衆行次)

법당에 가서 예불을 드릴 때와 나올 때 등의 장면이기 때문에 대중이 움직이는 순서를 잘 알아서 적절히 처신해야 한다. 가까운 일본과 중국은 법당 출입문이 하나로 통일이 되어 있다. 대개는 중앙문 출입이다. 이래서 웃어른부터 서열대로 따라 나오게 마련인데 우리네는 사정이 사뭇 달라 그렇게 되기가 어렵다. 동서남북 사통팔달 문마다 다 출입이 자재하다. 해인사·통도사를 비롯해서 몇몇 가풍이 있는 사찰은 그래도 어르신 중심으로 줄을 잘 서는 편이다.

찬패축원(讚唄祝願)

찬패는 범패라고도 하는데 부처님의 공덕을 마음속으로 깊이 믿어 시가(詩歌)로써 찬탄한다는 뜻이다. 축원은 발원문, 생일 축원, 망인 천도 발원 등이 있는데 그런 것도 축원에 속한다.

수송문관의(須誦文觀義)

글을 소리 내어 읽고 거기에 따른 의미를 세밀하게 관찰한다는 뜻이다. 염불을 하는 이에게는 다른 방법이 없고 오직 정성 하나가 전제 된다. 소리의 좋고 나쁨이 없고 의식의 능숙하고 서투름이 없다. 대중과 서로 조화를 이루어서 정성스럽게 하면 된다. 옛 가풍에서 보면 객은 사흘을 입 속으로만 염불을 하라고 하였다. 왜냐하면 절마다 음곡이 달라서 자칫 불화음을 낼 수가 있기 때문이다.

첨경존안 부득반연이경(瞻敬尊顏 不得攀緣異境)

불보살님의 성상을 우러러 바라보면서, 실제 생존하신 불보살님 전에 예불을 올리는 것처럼 정성을 다하되, 조금도 딴생각을 갖지 말라는 뜻이다. 딴생각이란, 머리 속에 세속의 딴 일을 생각한다거나 눈길을 여기저기 주어 정신 집중이 잘 안 된 경우이다.

제9과 須知~相從

須知自身罪障이 猶如山海하야 須知理懺事懺으로 可以消除하며 深觀能禮所禮-皆從眞性緣起하며 深信感應이 不虛하야 影響相從이니라

자신의 죄 업장이 마치 산과 바다와 같은 줄을 알아서, 마음으로 뉘우치고 몸으로 참회하여야 가히 소멸할 수 있는 줄을 알아야 하며, 절을 올리는 이와 절을 받는 이가 모두 참된 성품으로 인연하여 일어난 줄을 깊이 관하며, 감응함이 헛되지 않아 그림자와 메아리가 서로 따르는 줄을 깊이 믿을지니라.

수지자신죄장 유여산해(須知自身罪障 猶如山海)

자기의 죄와 허물이 산과 바다만큼 많은 줄을 알아야 비로소 공부가 된다고 하였다. 뿐만 아니라, 정견(正見)을 가진 사람의 생각은 밥을 먹고 살아가는 일도 죄와 허물이라고 하는데 어떤 사람은, 남을 해롭게 한 일도 없고 도적질을 한 것도 아닌 데 이게 무슨 죄와 허물이라고 하는가? 하고 물을 것이다. 마음 공부에 관심이 없는 사람, 눈앞의 욕심덩이로 꽉 채워져 있는 사람은 무슨 좋은 말이 귓속에 들어갈 수가 없다. 그렇다, 죄와 허물이 깊이 생각될수

록 공부도 깊어진다. 왜냐하면 겸손한 초발심자에게는 천하가 감사해야 할 은혜의 대상으로 다가오기 때문이다.

이런 까닭에, 남을 위해 한 번 생각하는 것이 내 자신을 위해서 열 번 생각하는 것보다 참으로 값진 시간이다.

수지이참사참(須知理懺事懺)

신·구·의 삼업 참회 중에서 의(意), 즉 이치로 참회하는 것을 이참(理懺)이라고 하고, 신(身)과 구(口)로 참회하는 것을 사참(事懺)이라고 한다.

이참은 이와 같다. 죄란 본래 무자성(無自性)이라는 사실과, 자성 청정심 역시 어떤 번뇌에 물들지 않는다는 사실을 선정 삼매 속에서 관찰하여 훨훨 털어버리는 것이다.

사참은 예배·절 등 몸으로 하는 것과 염불·경을 읽는 것 등 입으로 하는 것이 있다.

참회 방법으로는, 일단 법사나 큰스님께 찾아 뵙고 진실하게 죄와 허물을 말씀 드려서 스님의 가르침에 따르면 된다. 가령 아주 큰 죄나 허물은 불보살님 전에 기도를 올려, 자신의 정수리에 불보살님이 손을 뻗쳐서 수기(受記)를 하는 것으로 끝난다. 그외 작은 죄나 허물은 스님의 지시대로 하면 끝난다. 또 재물로써 배상해야 할 일이면 능력에 따라 배상하고 진심으로 사죄하면 된다.

대중 참회법은, 대중 앞에 나서서 이렇게 고한다.

"저는 이러이러한 허물을 지었기에 대중 스님께 깊이 참회합니다. 앞으로는 다시 이런 허물을 짓지 않도록 하겠습니다."

반드시 스스로 죄를 발로(發露)하고나서 다시는 이런 죄를 짓지 않겠다는 약속을 하는 두 가지 조건이 따른다.

심관능례소례 개종진성연기(深觀能禮所禮 皆從眞性緣起)

능례는 예를 올리는 주체자 중생이고, 소례는 예를 받는 객체자 부처님이다. 무엇을 깊이 관찰하는가. 예를 올리는 중생과 예배를 받는 부처님이 다 진여법성(眞如法性) 하나에서 연기한 것인 줄을 관찰한다는 뜻인데, 부처와 중생은 불이(不二), 하나는 이룬 부처이고 다른 하나는 아직 이루지 않은 부처일 뿐 진여법성에서는 차이는 없다는 생각이다.

연기(緣起)는 인연생기(因緣生起)의 준말. 인연생기는 이 세상의 모든 것은 그냥 혼자 독불장군으로 있는 것이 아니고 반드시 서로서로 영향을 주고 영향을 받으며 이렇게 하여 인연하여 생긴다는 말이다.

심신감응불허 영향상종(深信感應不虛 影響相從)

감(感)은 나의 정성이 부처님께 전달된다는 말이고 응(應)은 거기에서 반드시 반응이, 불보살님의 가피력(加被力)이 나타난다는 말이다. 이것은 마치 골짜기에 소리가 울려 퍼지면 메아리가 되어 되돌아오고, 물체가 있으면 반드시 그림자가 생기는 것과 똑같은 이치이다.

제10과 居衆~疑惑

居衆寮하되 須相讓不爭하며 須互相扶護하며 愼諍論勝負하며 愼聚頭閒話하며 愼誤着他鞋하며 愼坐臥越次하며 對客言談에 不得揚於家醜하고 但讚院門佛事언정 不得詣庫房하야 見聞雜事하고 自生疑惑이어다

대중방에 머물 때에는 서로 양보하여 다투지 말며, 서로 도와 주며, 승부를 다투어 논란함을 삼가며, 머리를 맞대고 앉아서 잡담함을 삼가며, 남의 신발을 잘못 신지 않도록 삼가며, 앉고 눕는 차례 어기는 것을 삼가며, 객을 만나 이야기를 할 때에는 절 집안의 추함을 드러내지 말고, 다만 절 집안의 불사를 찬탄할지언정, 고방(庫房)에 나아가서 잡사를 견문하고 스스로 의혹을 내지 말지니라.

거중료 수상양부쟁 수호상부호(居衆寮 須相讓不爭 須互相扶護)

중료(衆寮)는 큰방 · 대중방 · 선방 등이다.

싸우지 말고 서로 형제처럼 돕고 친하게 지내도록 하였다.

옛사람은 이렇게 말하였다. 풍수가 아주 나쁜 땅에서도 착한 마

음을 지닌 사람이 많이 모여서 지내면 복지(福地)가 되는데 이것은 선정 삼매의 기운이 어리고 서려서 땅의 기(氣)가 바뀌기 때문이다.

반대로, 천하 길지(吉地)에서도 화합하지 않은 대중이 모여 지내면 나쁜 땅이 되어 삼재팔난이 끊임없이 다가온다고 하였다.

신토불이(身土不二). 몸도 땅과 다르지 않다. 아무리 나쁜 몸으로 태어났고 못난 가문에서 자랐어도 착한 마음을 먹고 남을 위해 마음을 열고 지내는 사람이라면 32상과 80종호를 갖춘 불보살이다. 천 일 동안이면 피부가 바뀌고, 3천 일 동안이면 뼈가 바뀌며, 만 일 동안이면 골수가 바뀐다는 말도 이와 같다.

신쟁론승부(愼諍論勝負)

승부의 세계에서는 반드시 승자, 패자가 있고 승자 역시 언젠가는 패자의 길을 걷게 마련이다.

승부 시비에서 벗어나려면 생각이 일어나고 일어난 대로 다 말해서는 안 된다. 생각이 떠올랐어도 잘 걸러서 지금 적당한지 살펴보고 말을 해야 한다. 문화수준이 낮은 사람일수록 생각이 튀어오르면 오른 대로 제멋대로 말하고 제멋대로 행동한다. 제 한 몸만 생각하는 어리석음을 떠나야 품위 있는 문화인이다.

신취두한화(愼聚頭閒話)

모여서 소일거리가 없이 이런저런 이야기를 나누다 보면 결국 좋은 말 대신 남의 허물을 잡고 말하는 쪽으로 떨어진다. 법정(法頂) 스님은 한때 이런 교훈을 말씀하셨다. 대중방에서는 토굴처럼, 토굴에서는 대중방처럼. 대중방에서 대중생활을 잘 하려면 호젓한 토굴에서처럼 조용하게 지내고, 반대로 토굴생활은 대중생활에서처럼 근면하게 지내야 진정 수도자라고.

대객언담 부득양어가추(對客言談 不得揚於家醜)

객을 맞이해서 이야기를 꺼낼 때에, 좀 부끄러운 절 일, 불미스러운 내용은 밖으로 드러내서 말하지 말라는 말이다. 왜냐하면 듣는 사람의 신심을 떨어뜨릴 수가 있기 때문이다.

착한 사람의 이야기를 나누면 선신(善神)이 가까이 다가와 귀를 기울여 듣고 나쁜 사람의 이야기를 나누면 악신(惡神)이 가까이 다가와 귀를 기울여 듣는다는 고사가 있다. 선신이 옹호를 해도 일을 이룰까 말까 하는데 악신이 가까이 있으니 어떻게 일대사 마치기를 기약하랴.

부득예고방 견문잡사(不得詣庫房 見聞雜事)

고방(庫房)은 원주실이나 종무소의 창고 같은 곳이다. 소임자가 아닌데 공연히 고방에 가서 잡다한 여러 가지 일을 보거나 듣고 의심을 내지 말라는 말이다. 공부를 하는 사람은 사판(事判)의 살림하는 소임자 스님의 처소에 가지 않는 것이 좋다. 차라리 공부인에게는 매사가 모르는 게 약이 된다.

제11과 非要~去處

非要事어든 不得遊州獵縣하야 與俗交通하야 令他
憎嫉하고 失自道情이어다 儻有要事出行이어든 告住持
人과 及管衆者하야 令知去處하며

요긴한 일이 아니면, 이 마을에 갔다가 저 마을에 다니면서,
속인들과 더불어 교제하여, 다른 사람의 미움을 사거나, 자기
의 도 닦는 생각을 잃지 말지니라.
　만일 요긴한 일이 있어 나가게 되면, 주지 스님과 대중 소임
자에게 알려서 가는 곳을 알게 하며,

비요사(非要事)

　산이 좋은데 왜 밖으로 나갈 것인가. 긴요한 일은 첫째, 자기의
병 치료만 만부득이 하게 필요한 일이고 둘째, 남을 위해서 동사섭
(同事攝)을 하기 위한 일이다. 그 외 사중 일로는 시장 보기, 관청
행정 일 등이 있다. 상제(喪齊)에는 대중이 마을 단월(檀越)의 집에
들어가 독경 염불을 하기도 하였다. 고운(孤雲) 최치원 선생의 간
절한 입산시(入山詩).

승호막도 청산호(僧乎莫道 靑山好)

스님들이시여, 청산이 좋다고 말씀들 하지 마십시오

산호하사 갱출산(山好何事 更出山)

산이 좋을진댄 왜 자주 산 밖으로 나오십니까

시간후일 오종적(試看後日 吾蹤 跡)

시험삼아 저의 뒷날 자취를 보시겠습니까

일입청산 갱불환(一入靑山 更不還)

한번 청산에 들면 다시 밖으로 나오지 않는 저의 모습을

그는 가야산 홍류동 계곡에 있는 농산정(籠山亭) 부근, 혹은 장경각(藏經閣) 아래 학사대(學士台) 나무 주위에서 말년을 보내다가 흔적도 없이 사라졌는데, 하도 학(鶴)과 같이 맑게 살다가 사라졌기 때문에 사람들은 신선(神仙)이 되었다고 믿고 있다.

여속교통(與俗交通) 영타증질(令他憎嫉)

아무리 도력(道力)이 높은 분이라 할지라도 속인과 어울려서 오래 지내게 되면 대개 좋지 않은 영향을 주게 마련이다. 왜냐하면 중심은 정도(正道)에서 벗어나 있기 때문이다. 평등심을 잃지 않기란 참으로 어려운 일이다. 하물며 이제 갓 입산 출가한 초심자에게는 포교의 일환이라 하더라도 무리다. 적어도 승납 10년이 지나야 남의 앞에 나설 자격이 있고 스승될 자격이 있어, 상좌를 허락한 율장을 보더라도 알 수가 있다. 옛 스님은 말씀하셨다.

"스님이 가장 스님답게 돋보이는 자리는 산중 절에서 정진하고 있는 모습이다."

　이런 산수(山水)의 빼어난 입지 조건을 버리고 포교의 일환으로 도심지에 나서려면 그만한 원력과 수행력이 따라야 할 것이다. 자칫 하다가는 제 자신의 얼마 안 되는 수행력도 물러날 뿐만 아니라, 이웃에게도 공연히 신심(信心)을 떨어뜨리게 하는 역효과가 나기 때문이다. 그래서 절에서는 '잘해보려고 하는 게 병이다' 라는 말로써 경계한다.

고주지인(告住持人) 급관중자(及管衆者)

　옛날 주지 스님은 방장(方丈)이고 조실(祖室)이었다. 요즘도 중국이나 일본에서는 주지와 방장을 같은 말로 쓰고 있다. 우리의 경우에는 해인사·통도사·송광사 등 오대 총림 대찰에서는 방장 스님이 어른이시고 그 외 큰절에서는 그냥 주지 스님이 어른이시다. 회주(會主)는 본래 염불회, 특히 만일염불회의 주관자로서 회주 스님을 모셨으나 요즘은 그냥 작은 절의 주지 스님이 웃어른을 모시는 존칭으로 쓰고 있다. 산문 밖으로 출입할 경우에는 법도를 지켜서 어르신 스님께 알리도록 되어 있는데, 어린 사미는 어르신 스님의 동행이 있어야 하고 그렇지 않을 경우에는 적어도 두세 사람이 어울려 다니도록 되어 있다. 초심자이기 때문에 참으로 중요한 시기를 맞아 수도에만 전념해야 하고 그렇지 못할 경우 크게 후회하는 일이 생기기 때문이다. 간혹 입산자가 하산(下山)을 하는 일도 이런 법도를 어긴 데서 온다.

제12과　若入～人也

若入俗家어든 切須堅持正念호되 愼勿見色聞聲하고
流蕩邪心이온 又況披襟戱笑하야 亂說雜事하며 非時
酒食으로 妄作無碍之行하야 深乖佛戒아 又處賢善人
의 嫌疑之間이면 豈爲有智慧人也리요

만일 속가에 들어갈 때에는, 간절히 정념을 굳게 지녀서, 삼
가 경계를 보거나 소리를 듣고 삿된 마음에 흘려 빠지지 말아
야 할진대, 또 하물며 옷깃을 헤치고 희롱하며 웃고, 잡된 일
을 어지러이 이야기하며, 때아닌 술과 음식으로 망령되이 무
애의 행을 저질러서, 부처님의 계를 크게 어기겠는가? 또 어
질고 착한 이의 혐의를 받는 사이에 처하면 어찌 지혜 있는
사람이라 하리요.

약입속가(若入俗家)

속가(俗家)에는 두 가지의 뜻이 있다. 첫째는, 절에서 스님들끼리
'속가에 다녀왔다' 하고 말하면 부모형제가 사는 자기 고향 마을 집
을 말한다. 둘째는, 넓게 말해서 산문 밖에 있는 모든 세속 마을 집
을 가리킨다.

절수견지정념(切須堅持正念)

간절하게 정념을 견지해야 한다는 뜻. 열반에 이르는 방법인 팔정도(八正道)에는 정념이 일곱 번째로 들어 있다.

① 정견(正見) : 있다고 하는 상견(常見), 없다고 하는 단견(斷見) 등 두 가지 견해를 떠난 견해. 곧 진리를 바로 보고 다음에서 신구의(身口意) 삼업을 법다이 한다.

② 정사유(正思惟) : 정견을 통해서 사제(四諦)의 이치를 관(觀)하는 힘이 더욱 깊어진다.

③ 정어(正語) : 정견과 정사유를 통해서 거짓말이나 삿된 말을 하지 않는다.

④ 정업(正業) : 정견과 정사유를 통해 행동한다.

⑤ 정명(正命) : 정견과 정사유를 통해 악업을 짓지 않고 행동 · 말 · 생각 등 여법(如法)한 삼업으로 생활한다.

⑥ 정정진(正精進) : 악을 떠나 일심으로 노력하여 더욱 올곧게 힘써 나아간다.

⑦ 정념(正念) : 나쁜 생각을 떠나서 더욱 수행에 전념(專念)한다.

⑧ 정정(正定) : 산란한 생각을 떠나서 더욱 마음을 안정한다.

선정 삼매로 들어가는 문 역할인 정념은 매우 중요하다.

일을 성취하는 데에는 일의 빠르고 늦는 순서를 잘 알아야 한다. 경전에서, 선정 삼매(禪定三昧)를 거치지 않은 수행자는 어떤 정각도 이룰 수가 없다고 강조한다. 그만큼 선정 삼매가 먼저 필요하다는 뜻. 예를 들면, 붓글씨를 배우는 사람은 왕희지의 체, 안진견의 체, 구양순의 체 등 체본 필법(筆法)을 익히기 전에 먼저 손가락에 필력(筆力)을 얻는 일이 중요하다는 말과 같다.

속가에 들어가서 말하고 생각하고 행동하는 모든 것이 선정 삼매에서 나와야 허물이 없다. 이렇게 되면 속가와 출가의 구별도 없어진다. 초심자는 무엇보다 정념을 견지해야 한다.

신물견색문성(愼勿見色聞聲)

뒤에 ≪자경문≫에서, 보아도 본 바가 없고 들어도 들은 바가 없다는 말이 나온다. 시비분별이 끊어진 자리. 그러나 중생은 귀로 들으면 들은 대로 시비하고 눈으로 보면 본 대로 분별한다. 속가에 나아가서 이렇게 번뇌만 잔뜩 묻혀 들어오는 출가자를 경계한다.

유탕사심(流蕩邪心)

삿된 마음에 흘려 빠진다는 뜻으로 정념과 상대되는 말이다. 단견(斷見)과 상견(常見)으로, 있다느니 없다느니 하고 정법에서 멀어진다. 그리하여 세속의 부귀영화에 눈을 돌리고…….

비시주식(非時酒食)

정오가 지나서 밥을 먹지 않는 게 비시불식(非時不食)이고 병자가 아닌데 술을 마시는 게 비시주식(非時酒食). 율장대로라면 저녁을 먹고 있는 수행자는 모두 계율을 어기고 있는 셈이다. 시대가 달라져서 지금은 그런 생각을 내는 이도 적다. 옛날 한 노스님은, 저녁을 먹는 수행자가 많아지면 불법이 빨리 쇠약해질 것이라고 염려하면서 한탄을 하였다.

제13과 住社~攀緣

住社堂호되 愼沙彌同行하며 愼人事往還하며 愼見他好惡하며 愼貪求文字하며 愼睡眠過度하며 愼散亂攀緣이어다

선방에 머물 때에는 사미와 동행함을 삼가며, 인사로 오고 감을 삼가며, 남의 좋고 나쁜 점 보기를 삼가며, 문자 탐구함을 삼가며, 수면이 과도함을 삼가며, 산란하게 반연함을 삼갈지니라.

주사당(住社堂)

송광사의 선방 이름은 지금도 수선사(修禪社)이다. 사당(社堂)은 곧 선방을 가리킨다. 보조 스님 당시 송광사의 옛이름 역시 수선사(修禪社)였다.

신사미동행(愼沙彌同行)

모닥불이 이제 막 피어 오르기 시작하는데 다른 숙숙한 나뭇잎을 불길 위에 덮어버리면 어떻게 될까. 불길은 곧 꺼지고 만다. 선방에 들어온 초심 비구들이 모닥불에 비유된다면 사미나 속인들은 축

축한 나뭇잎에 비유될 것이다.

신인사왕환(愼人事往還)

일숙각(一宿覺)으로 이름난 영가(永嘉) 스님이 처음 육조 혜능(惠能) 스님을 친견하고 그 앞에 서서 멋진 연출을 한다. 영가 스님은 걸망을 진 채 주장자를 짚고 육조 혜능 스님의 주위를 삥 돌기만 한다. 이때 육조 혜능 스님이 꾸짖는다.

"이보게, 수좌. 출가 사문이면 3천 위의와 8만 세행을 지켜야 하는데 자네는 그걸 모르는 거냐?"

영가 스님이 대답한다.

"무상(無常)이 너무 빨라서 그렇습니다."

무상한데 언제 예의범절을 다 지키고 공부를 할 것입니까, 저는 그렇게 못합니다, 하는 뜻이다. 법담은 이렇게 단도직입적으로 시작한다…….

화두 공부에 열중한 수좌는 오며 가며 하는 인사치레를 생략하라는 뜻이지, 별로 공부에 열중하지도 않으면서 인사를 무시하라는 뜻이 아니다.

신견타호오(愼見他好惡)

호오(好惡)는 좋고 나쁜 것을 말한다.

참선 공부를 하면서 시선이 밖으로 쏟아져 나가는 것을 막기 위해서 누구는 뭐가 좋고 누구는 뭐가 나쁘다, 하지 않고 오직 화두 일념(話頭一念)뿐이다.

신탐구문자(愼貪求文字)

선(禪, contemplation 혹은 zen meditation)의 근본 정신은 불립문자(不立文字)이다. 그리하여 직지인심(直指人心) 견성성불(見性成佛)이다. 불립문자(不立文字)는, 선(禪)은 언어문자를 훌쩍 뛰어넘어 마음에서 마음으로 통하는 것이지 언어문자에 갇혔다면 그건 선이 아니라는 뜻.

직지인심(直指人心)은, 바로 사람의 마음을 가리킨다는 뜻인데 비유하면, 일천 강물 속에 비친 일천 달을 가리키지 않고 머리 위의 뜬 하늘 달을 바로 가리킨다는 뜻.

견성성불(見性成佛)은, 진리 그대로인 성품을 보고 부처가 된다는 뜻.

신수면과도(愼睡眠過度)

음식과 잠을 잘 조정할 수만 있다면 그는 뛰어난 수행자이다. 범인은 정진할 시간에 잠을 자기 때문에 결국은 명쾌한 경지에 이르지 못한다. 잠을 잘 조정하는 것, 이것만으로도 대단한 공부이다.

신산란반연(愼散亂攀緣)

처음 인류에게 뛰어난 점은 생각(生覺)이었다. 생각을 할 수 있다는 데서 다른 동물과는 구별되었고 '만물의 영장'이란 이름이 생겼다.

뒷날 이 생각 때문에 심한 병을 경험하게 되었는데 사람이 너무 복잡한 생각을 많이 일으킨 탓이다.

명상(瞑想, meditation)은 이러한 병의 치료법으로 나왔다. 새롭게 명상을 통하여, 생각이 있는 데서 생각이 없는 데로, 유념유상(留念有想)에서 무념무상(無念無想)으로 나아가기에 이르렀다. 보통은 병의 치료가 목적이었다.

선지식은 한 걸음 더 나아가서 깨달음의 경지, 열반을 체험하였다. 이것이 선(禪)의 시초이다.

선(禪) 수행자는 있는 일을 줄여 나가야지, 없는 일을 새로 만들어서는 안 된다.

방하착(放下着)! 모두 놓아버려야 한다. 생각을 다 비워야 한다.

名言名句

≪오등회원(五燈會元)≫ 엄양 존자장(嚴陽尊者章)에는 다음과 같은 대오(大悟)의 인연이 실려 있다. 엄양 스님이 처음 조주(趙州) 스님을 참배하였을 때의 일이다. 엄양 스님이 조주 스님께 여쭈었다.

"스님, 한 물건도 가져오지 않았을 때에는 어떻게 합니까?"

"방하착(放下着)!"

엄양 스님이 여쭈었다.

"스님, 전혀 한 물건도 가져온 게 없는데요. 이 때에는 어떻게 합니까?"

조주 스님이 말하였다.

"그럼, 놔버리기가 싫거든 어서 가져가거라!"

범양 스님은 이 말씀 끝에 대오(大悟)하였다.

제14과 若遇~口辮

若遇宗師-陞座說法이어든 切不得於法에 作懸崖
想하야 生退屈心하며 或作慣聞想하야 生容易心하고
當須虛懷聞之하면 必有機發之時하리니 不得隨學語
者하야 但取口辮이어다

만약에 종사가 법좌에 올라 설법하시는 때를 만나면, 반
드시 법을 대함에 낭떠러지에 매달린 것 같은 생각을 지어
서, 물러나는 마음을 내거나, 혹은 늘 듣는 것이라는 생각
을 지어서 쉽게 여기는 마음을 내지도 말고, 마땅히 빈 마
음으로 들으면, 반드시 기(機)가 발할(깨달을) 때가 있으리
니, 말만 배우는 이를 따라서 단지 입으로만 지껄임을 취하
지 말지니라.

약우종사승좌설법(若遇宗師陞座說法)

종(宗)은 종문(宗門)이고 종사는 종문의 어른, 큰 스승이다.

선종에서 선사·종사·대선사·대종사 하는 말은 종문을 대표해
서 법이 있는 대선지식에게만 쓰는 칭호. 요즘에 와서는 별 기준이
없이 써서 칭호의 법도를 크게 잃고 있다.

작현애상(作懸崖想) 생퇴굴심(生退屈心)

학자가 법문을 듣는 바른 자세이다. 법문을 들을 때에는 단견(斷見) 상견(常見) 양단에 떨어지지 않아야 한다고 설명한다.

① 단견은 불조의 법문을 따르기가 몹시 어려워 포기하고 말겠다는 뜻. 현애상(懸崖想)은 단견이다. 낭떠러지에 매달린 것같이 몹시 힘들고 어렵다고 생각하는 것.

혹작관문상(或作慣聞想) 생용이심(生容易心)

② 상견은 늘 귀에 익숙하게 듣는 말로 너무 쉽게 가벼이 여긴다는 뜻. 관문상(慣聞想)은 상견이다. 습관적으로 법문을 자주 들어서 깨달음의 도(道)를 가볍게 여기는 것.

허회문지(虛懷聞之)

그렇다면 어떻게 들을 것인가? 마음을 텅 비우고 법문을 듣는다. 쉽다거나 어렵다는 생각이 없이 다만 허심탄회(虛心坦懷)하게 그러려니 할 뿐이다.

필유기발지시(必有機發之時)

반드시 깨달음을 이룰 때가 있고 마음이 열리어 성인의 대열에 오를 때가 있다는 뜻. 사성제(四聖諦)의 법문을 듣고 깨달음을 얻는 자는 성문각(聲聞覺), 줄여서 성문이라고 한다.

≪금강경≫에 나와 있는 네 종류의 성인, 성문 사과(聲聞四果)를 살펴본다. 과(果)는 무루지(無漏智)가 생기는 지위.

① 수다원은, 발심(發心)이 잘되어 처음으로 성인의 대열에 오른

이. 입류과(入流果).

② 사다함은, 다음 생에 인간계와 천상계에 한 번 왕래하는 과를 이룬 이. 그 다음에 깨달음을 이룬다. 일래과(一來果).

③ 아나함은, 욕계에 다시 오지 않는 과를 이룬 이. 다음 생에 색계나 무색계에 가서 깨달음을 이룬다. 불래과(不來果).

④ 아라한은, 삼계(三界)를 뛰어넘었어도 아직 의생신(意生身)이 남아 있어서 구경각(究竟覺)은 이루지 못하였다고 ≪승만경(勝鬘經)≫에서는 지적한다. 그러나 거의 다 수행하였기 때문에 머지않아 아라한이 구경각을 이루는 것은 시간 문제. 성문은 연각(緣覺)과 함께 이승(二乘)이다. 불생과(不生果).

중생계를 말하는 삼계(三界)를 살펴본다.

① 욕계(欲界)는, 욕은 탐욕으로 재물욕 · 음욕 · 음식욕 · 명예욕 · 수면욕(혹은 장수욕) 등 오욕으로 이루어진 세계이며, 인간 · 사왕천 · 도리천 · 야마천 · 도솔천 · 화락천 · 타화자재천 등 욕계 6천이 있다.

② 색계(色界)는, 색(色)은 물질로 미묘한 물질세계이며 선정의 깊고 낮음에 따라 색계 18천이 있다.

③ 무색계(無色界)는, 무색(無色)은 수상행식(受想行識)으로 정신세계이며 선정 삼매에 가까운 무색계 4천이 있다.

부득수학어자(不得隨學語者) 단취구판(但取口辦)

공연히 말만 따라서 배우는 사람은, 하루 종일 남의 집 소만을 세고 있는 사람과 같이 제집의 소가 생겨날 리가 없다. 몸소 실천을 하지 않은 법문은 설득력을 잃는다.

제15과　所謂～愼之

所謂蛇飲水하면 成毒하고 牛飲水하면 成乳 ㄴ달하야
智學은 成菩提하고 愚學은 成生死라 함이 是也니라 又
不得於主法人에 生輕薄想하라 因之於道에 有障하면
不能進修하리니 切須愼之어다

소위 뱀이 물을 마시면 독이 되고, 소가 물을 마시면 우유가
되듯이, 지혜로운 이의 배움은 보리를 이루고 어리석은 이의
배움은 생사를 이룬다 함이 이것이니라. 또 법주에게 업신여
기는 생각을 내지 말라. 그로 말미암아 도에 장애가 되면 능
히 나아가지 못하리니, 간절히 삼갈지니라.

소위 사음수 성독 우음수 성유(所謂 蛇飲水 成毒 牛飲水
成乳)

같은 물인데도 소가 물을 마시면 그것이 우유로 변하지만 독사가
마시면 독으로 변한다. 같은 비유로, 사자가 여우 소리를 내면 그
것이 사자의 소리이고 여우가 사자 소리를 흉내내어도 그건 여우
소리에 지나지 않는다. 이 까닭은 근본 바탕이 무엇보다 중요하기
때문이다.

이 글과 비슷한 내용이 법안종의 제3조 영명연수(永明延壽 : 904~975) 스님이 엮은 ≪종경록(宗鏡錄)≫에 나온다.

혹수진전(或守眞詮) 혹 진리 법문을 꽉 움켜쥘 뿐 펼 줄 모르고

이생어견(而生語見) 그 말에 좇아 견해를 일으킨다면

복감로이조종(服甘露而夭終) 마치 불사약인 감로수를 복용하고도 도리어 일찍 죽는 사람과 같고

혹돈원리(或敦圓理) 혹 무상대도(無上大道)에 간절히 나아가되 중도를 잃고 무상대도에 집착심을 갖는다면

이기착심음제호이성독(而起着心飮醍醐而成毒) 마치 최상의 맛인 제호를 마시고도 독을 이룬 사람과 같다.

왜 그럴까?

하나의 칼로 비유하자면, 어떤 사람은 뛰어난 작품을 만들어내지만 또 어떤 사람은 남을 해치고 자신의 몸을 해친다. 자동차의 경우로 비유하자면, 편리하게 잘 쓰면 좋지만 음주운전 등으로 대형 교통사고를 일으키게 되면 살인 무기. 모든 것이 다 이롭게 쓰면 이기(利器)이고 나쁘게 쓰면 흉기이다.

불법을 잘 배우는 사람은 생사를 뛰어넘어 정각을 이루나 어리석은 사람은 오히려 생사윤회의 원인이 되는 일만을 거듭한다. 많이 외우고 많이 법문을 하더라도 자기 마음 안으로 회광반조(廻光返照)해서 수행을 쌓지 못한 사람은 결국 일반 세속 학문을 익히는 지식인에 지나지 않기 때문이다. 회광반조란, 무엇이나 공부인은 마음의 빛을 마음 안으로 돌이켜 비춰본다는 뜻.

비유하면, 목수는 톱으로 자르고 대패로 깎는 일을 많이 하기 때문에 복도 깎고 잘라버려서 후손이 썩 좋지 않다고 하는데 목수는 평생 자르고 깎는 업만을 짓기 때문인 것이다. 또 꿈틀꿈틀 살아 있는 뱀을 아주 잘 그리는 화가가 죽어서 뱀의 과보를 받았다는 고사가 있는데, 이와 같이 뱀의 업을 평생 지었기 때문인 것이다. 그럼, 어떻게 해야 업을 면할 수가 있을까?

목수는 자르고 깎을 때마다 원을 세우는데, 악한 생각, 말, 행동 등 악업을 깎고 자르겠다는 생각을 하고, 화가는 뱀을 그릴 때마다 원을 세우는데, 생기발랄한 생명력으로 대우주 자연을 선행으로 장엄하겠다는 생각을 하는 것이다.

우부득어주법인 생경박상(又不得於主法人 生輕薄想)

고인네는 선지식이 없이는 도를 이룰 수가 없다고 말하는데 선지식이 그만큼 절대적으로 중요하기 때문이다. 도를 이루려거든 먼저 자기 마음 안에 선지식을 모시는 법부터 배워야 한다는 뜻.

혹 선지식을 찾아 모셨어도 자기도 모르는 사이에 어떤 이유에서든지 선지식에게 가벼운 마음, 업신여기는 마음을 낸다면 결코 도를 이루지 못한다.

"우러러 불보살님 전에 발원합니다. 불보살님의 가피력(加被力)으로, 선지식을 친견하여 일언지하(一言之下)에 활연대오(豁然大悟)하고 무생(無生)의 법인(法印)을 돈오(頓悟)하기가 큰 원입니다."

대혜종고(大慧宗杲) 스님의 ≪서장(書狀)≫에 나오는 글. 글쓴이가 자주 송하는 법문 중의 하나이다.

제16과 論云~去矣

論에 云호되 如人이 夜行에 罪人이 執炬當路어든 若以人惡故로 不受光明하면 墮坑落塹去矣라 하시니

논에 이르기를, 마치 사람이 밤길을 갈 적에, 죄 있는 사람이 횃불을 잡고 길을 인도함을 만났는데, 만일 그 사람이 나쁜 사람이라 하여 그 불빛까지 받지 않는다면, 구덩이에 빠지고 참호에 떨어지게 된다 하시니,

논운 여인 야행(論云如人夜行) 죄인집거 당로(罪人執炬當路)

논장 어느 책에서 인용한 글이지 잘 알 수가 없다.

어떤 사람이 눈앞이 하나도 안 보이는 캄캄한 밤길을 가다가, 마침 죄를 지은 사람, 범죄인이 횃불을 들고 가는 것을 보았는데, 그때에 죄인의 횃불이니까 빨리 피하려고 결심한다면 어떻게 될까.

약이인악고 불수광명(若以人惡故 不受光明)

만약, 그 사람이 흉악범이기 때문에 피하여 불빛을 받지 않는다면 목적이 있는 사람이 사소한 일로 인하여 목적이 있는 큰일을 제

쳐놓는 경우이다. 그가 죄인이란 이유로 조언까지를 무시해버린다면 안 될 일이다.

타갱락참거의(墮坑落塹去矣)

그리하여, 달이 없는 아주 컴컴한 밤길을 가다가 잘못하여 발을 한 발짝 잘못 내딛어서 구덩이에 쳐박혀 나뒹굴고 말며, 낭떠러지에 떨어져 사경을 헤매기도 한다.

법문을 들을 때에는 정말 법문에만 정신을 쏟을 뿐이지 법사의 나이, 성별, 출신, 학벌 등은 물을 게 없다. 선입견을 가지고 법문을 듣지 않는다는 점이 중요하다.

참으로 발심하여 시시비비와 멀어진 수행자에게는 만나는 이가 다 선지식이다. 왜냐하면 선지식에는 순행(順行)과 역행(逆行)이 있는데, 순행하면 순행한 대로, 역행하면 역행한 대로 다 선지식이기 때문이다. 좋은 면에서 찬탄하면서 이끌어주는 이가 순행 보살이고 때로는 욕하고 미워하고 훼방하는 이는 역행 보살이다.

≪화엄경≫에서는 선지식 섬기기를 이렇게 말한다.

> 선지식(善知識)을 구하려고 할 때에는 심신을 피곤해 하지 않으며
>
> 선지식을 뵙고 난 후에는 싫증을 내지 않으며
>
> 선지식에게 궁금한 점을 여쭐 때에는 노고(勞苦)를 아끼지 않으며
>
> 선지식을 가까이 모신 이후로는 뒤로 물러나지 않으며
>
> 선지식을 섬기고 있을 때에는 시종 끊어짐이 없으며
>
> 선지식이 깨우침을 내릴 때에는 작은 어김도 없으며
>
> 선지식의 공덕에는 의심치 않으며

선지식의 설법을 들을 때에는 출리문(出離門)을 열어 확정(確定)하며

선지식이 번뇌를 따르는 것을 보고는 괴상하게 여기지 않으며

선지식이 계신 곳에는 신심을 깊이 일으켜 변함이 없어야 한다.

왜냐하면, 보살은 선지식으로 말미암아 보살행(菩薩行)의 법문을 자주 들으며

보살의 공덕을 완성하며

보살의 대원(大願)을 세우며

보살의 지혜 광명을 나타내며

보살의 선근(善根)을 이끌어 내며

여래의 보리과(菩提果)를 획득하며

보살의 묘행(妙行)을 거두어들이며

보살의 대자대비(大慈大悲)의 힘을 낳으며

보살의 자재력(自在力)을 거두어들이기 때문이다.

선남자 여러분,

보살은 선지식의 보살핌으로 말미암아 악도에 떨어지지 않으며

선지식의 성취로 말미암아 마음대로 태어나며

선지식의 힘으로 말미암아 업감(業感)을 깨며

선지식의 인욕의 갑옷으로 말미암아 악한 소리 한마디를 듣지 않으며

선지식의 양육으로 말미암아 모든 교만을 다 떨쳐버릴 수가 있기 때문이다.

제17과　聞法~絲髮

聞法之次에 如履薄氷하야 必須側耳目而聽玄音하며 肅情塵而賞幽致라가 下堂後에 默坐觀之호되 如有所疑어든 博問先覺하며 夕惕朝詢하야 不濫絲髮이어다

법문을 들을 때에는 얇은 얼음을 밟듯이 하여, 반드시 눈과 귀를 기울여 현미한 소리를 들으며, 마음 티끌을 맑게 하여 그윽한 이치를 완상하다가, 법당에서 내려온 뒤에는 묵묵히 앉아 관하되, 만일 의심스러운 바가 있으면 먼저 깨우친 이에게 널리 물으며, 저녁에 근념(勤念)하고 아침에 물어서, 실오라기 털끝만큼도 흐트리지 말지니라.

문법지차 여리박빙(聞法之次 如履薄氷)

세속을 벗어나서 혼자 살면서 사물의 뒷면에 숨은 뜻까지 내다보려는 사람은 법문을 들을 때에 살얼음을 밟는 사람처럼 정성을 다해야 한다는 뜻. ≪시경(詩經)≫에는 전전긍긍(戰戰兢兢) 여림심연(如臨深淵) 여리박빙(如履薄氷)이란 구절이 있다. 두려워하고 조심(操心)히 하여, 깊은 못에 임하듯이 하며 얇은 얼음을 밟듯이 한다는 뜻.

백장청규 당시에는 헛생각이나 졸음에서 벗어나서 맑은 정신, 깨

어 있는 정신으로 상단 법문을 듣기 위해서, 청중은 모두 일어서서
시종 긴장된 자세를 풀지 않았다고 한다.

필수측이목이청현음(必須側耳目而聽玄音)

귀는 법문에 귀기울이고 눈은 법문을 하는 법사를 주시하는 등
한 군데에 주의 집중을 다한다는 뜻.

현(玄)자는 매우 깊다, 심오하다는 뜻. 현음은, 현묘(玄妙)한 진리
의 말씀이며, 단견(斷見) 상견(常見) 어디에도 떨어지지 않은 중도
법문의 말씀이다. 색(色)과 공(空), 수상행식(受想行識)과 공, 있다
거나 없다거나 그 어디에도 떨어지지 않는다.

숙정진이상유치(肅情塵而賞幽致)

법문을 듣는 가장 좋은 상태는, 마음 가운데 번뇌를 깨끗이 하여
선정 삼매에 들어서 법문 내용의 깊은 이치, 깊은 뜻을 감상하는
것이다. 때문에 법문을 듣기 전에 학자는 마음의 준비가 반드시 있
어야 한다. 역대 조사들이 선지식의 한마디 말끝에 대오(大悟)하는
경우가 바로 이러한 경우이다.

하당후 목좌관지(下堂後 默坐觀之)

법문이 다 끝나서 선방으로 다시 돌아온 다음에는 어떻게 할까.
떠들썩하니 이런저런 이야기 속에 휩쓸리지 않도록 노력한다. 조용
하게 앉아 법사의 법문을 상기해 본다.

여유소의 박문선각(如有所疑 博問先覺)

만약에 잘 모르는 부분이 있거든 나보다 먼저 공부한 분, 선각자에게 널리 묻는다. 옛사람은 아랫사람에게 물어도 부끄럽지 않다고 하여 불치하문(不恥下問)이라고 하였다. 모르는 데도 아는 것인 양 자신의 무지(無智)를 감추는 일이 진실로 부끄러운 일이다.

석척조순 불람사발(夕惕朝詢 不濫絲髮)

석척(夕惕)은 ≪주역(周易)≫의 앞부분에 나오는 말로, 깨달음을 얻기 전의 참선 학자의 몸가짐은 마치 승천(昇天)을 준비하는 용과 같이 아주 근신해야 한다는 말로 쓰고 있다.

낮 동안에 전전긍긍하듯이 잠을 자면서도 근념(勤念)하며 이튿날 아침에 깨어나서는 또 의심나는 것을 조실 스님께 나아가 간절하게 묻는다.

백장청규 당시에는 선방이 일일점검제였다. 눈 푸른 납자를 담금질하는 조실채의 위치는 대중 선방 바로 곁에 있어서 학자가 정진을 하다가 수시로 조실채에 가서 법문을 여쭐 수가 있었다. 분초를 다투는 경지에서는 여차 없는 절차탁마(切磋琢磨)가 필요하였기 때문이다. 이와 같이 참선 학자는 누구나가 매일 조실채에 나아가서 법문답을 하는 것이 하루의 일과였고 의무였다.

≪치문(緇門)≫ 영가답서(永嘉答書) 편에는 여기 제17과의 전체 내용이 들어 있다. 어휘가 조금씩 다르게 사용되었을 뿐이고 전체 뜻에서는 조금도 달라진 바가 없다.

제18과 如是~日瘧

如是라야 乃可能生正信하야 以道爲懷者歟 ㄴ저 無
始習熟한 愛欲恚癡-纏綿意地하야 暫伏還起하야 如
隔日瘧하나니

이와 같아야, 이에 올바른 신심을 내어 도를 가슴에 품은 사
람이라고 할 수 있음이여! 비롯함이 없는 옛적부터 습으로 익
힌 애욕과 성냄과 어리석음이 마음을 얽매고 있으면서, 잠깐
조복되었다가 다시 일어남이, 마치 하루 걸러 오한과 열이 나
는 학질병과 같으니,

내가능생정신 이도위회자여(乃可能生正信 以道爲懷者歟)

요즘 외국 사람이 제일 먼저 배우는 한국말 가운데서 하나가 '빨
리, 빨리'라고 한다. 그만큼 우리나라 사람이 빨리 빨리, 허둥지둥,
천방지축이라는 표현이다.

바른 믿음, 서두르지 않는 수행은 쉽지 않다. 초심자가 부처님과
같은 대각(大覺)을 빨리 이루겠다는 조급한 마음에서 무리수가 나
오고 드물게는 삿된 생각이나 요행수를 좇게 된다. 주위를 돌아보
면, 발심에서는 기라성 같은 수많은 수행자가 있었으나 중도에 쓰

러져 거의 보이지 않는 예가 적지 않다. 도(道)에 뜻을 둔 사람은 마치 장미 향기와 같이 정신(正信)으로 산다. 품질 개량을 하고 또 개량을 하고 나면 꽃은 크고 빛깔이 곱고 성장이 빠르고 병충해에 강하지만……. 허나 본래의 향기를 다 잃어버린 장미. 수도(修道)에서는 개량이 통하지 않는다. 순수 그대로 우직한 게 바른 길이다. 소의 느릿느릿한 걸음처럼 좀 우직하게 천천히 정진하는 자세가 필요하다.

무시습숙(無始習熟)

무시(無始)는 무시이래(無始以來)의 준말로, 시작을 알 수 없는 아주 오랜 시간을 가리킨다. 인과를 설명하면, 인(因)은 삼업(三業)의 씨앗이고, 연(緣)은 햇볕·물·공기와 같은 여러 조건이며, 과(果)는 꽃이 피어 열매를 맺는 것과 같은 선악(善惡)의 과보이다. 이 가운데서 인은 다른 인에게 영향을 주고, 연은 다른 연에게 영향을 주고, 과는 다른 과에게 영향을 주고……. 이와 같이 무수히 서로 영향을 주고받기 때문에 언제 시작되었는지조차 알 수가 없다.

습숙은 오래 익힌 습관. 일심일념, 일거일동이 쌓여 습관이 되고 습관은 다시 쌓이고 쌓여 업이 된다. 때문에 처음 한 생각이 매우 중요하다. 생각이 행동으로, 다시 행동이 업을 이루기 때문이다.

애욕에치 전면의지(愛欲恚癡 纏綿意地)

애욕에치는 탐진치(貪瞋癡), 삼독(三毒)을 말한다.

나쁜 사람이란 '이기심에서 나 혼자밖에 모르는 사람' '나뿐인

사람' 이라는 유머가 있다. 나 혼자밖에 모른데서 애욕(愛欲)·탐욕(貪欲)이 생기고, 다시 이 탐욕이 채워지지 않았을 때에는 화가 치밀고, 다시 화를 풀지 않고 참회를 끝까지 하지 않으니 어리석음에 빠진다. 이와 같이 탐진치는 독립되어 있지 않고 하나의 연쇄고리이다.

의지(意地)는 불교 심리학인 유식에서 말하는 의식(意識)으로, 여섯 식의 하나이고 여덟 식의 하나이다. 의근(意根, manas. 意로 이름되는 識은 제7말라식)에 의한 식이란 뜻. 의식의 성능은 물심(物心) 모든 총상의 요별(了別, vijñ ñāna), 즉 분별해서 인식하는 것이다. 의식의 작용이 없을 때에는 무상천(無想天) 사람의 무상정(無想定)이 대표적인 경우이고 숙수(熟睡)와 멸진정(滅盡定), 민절(悶絕)의 경우도 있다. 그밖에는 늘 의식이 작용한다.

잠복환기 여격일학(暫伏還起 如隔日瘧)

말라리아균으로 앓는 학질은 실제로 하루 반 정도 시간을 두고 몸에서 열기과 냉기가 번갈아 일어난다고 한다. 이렇게 번뇌 망상은 잠시 끊어진 듯하다가 인연 따라 다시 극성스럽게 일어나곤 한다.

예를 들면, 봄에 싹이 돌에 눌려 있으면 노란 싹 그대로 때를 기다린다. 그러다가 인연에 따라 돌 틈을 비집고 땅 위로 나오면 새 싹은 떡잎과 줄기를 파랗게 피운다. 지금 탐진치 번뇌 망상이 일어나지 않는다고 안심해서는 안 된다. 인연 따라 언제 일어날지 알 수가 없기 때문이다.

제19과　一切~調柔

一切時中에 直須用加行方便智慧之力하야 痛自遮護언정 豈可閒謾으로 遊談無根하야 虛喪天日하고 欲冀心宗而求出路哉리요 但堅志節하야 責躬匪懈하며 知非遷善하야 改悔調柔어다

어느 때에나 바로 가행방편인 지혜의 힘을 써서, 간절히 스스로 막아 지킬지언정, 어찌 부질없이 근거 없는 것을 한가롭게 이야기하여 헛되이 세월을 보내고, 심종(心宗)을 기대하여 생사 벗어나는 길을 구하고자 하리요. 다만, 뜻과 절개를 굳게 하여서 몸을 꾸짖어 게으르지 말며, 잘못을 알아 선(善)으로 옮겨 참회하여 다스릴지니라.

일체시중 가행방편지혜지력(一切時中 可行方便智慧之力)
일체시중은 하루종일, 하루 24시간을 말한다.
가행(可行)에는 두 가지 뜻이 있다.
첫째는, 선방 일과표에서 용맹정진, 가행정진, 보통정진 등 세 가지 정진 중의 하나이다. 평일 보통정진은 기본이 하루 8시간 정진, 가행정진은 하루 12시간 이상 정진, 용맹정진은 잠을 자는 시간이

따로 없는 철야정진이다. 가행은 박차를 가해서 더욱 힘써 정진한
다는 뜻.

둘째는, 방편(方便, Upāya)의 동의어. 조사 법문에서, 부처님의
가르침도 방편법에서 보면 전체가 8만 4천 방편법이라고 한다.

방편에도 여러 가지의 뜻이 있다.

① 방은 방법, 편은 편리. 방편은 중생을 교화하기 위한 하나의
수단이다. 예를 들면, 중생의 상·중·하 등 여러 근기(根機)에 따
라 그 눈높이에 맞추어서 임시 쓰는 교화방법인 까닭에 '연출'의
하나이다.

② 진실(眞實)의 상대어. 교화 대상이 어리석어서 심오한 진리를
바로 전할 수가 없을 때에 쓰는 아주 낮고 보잘것없는 법문.

③ 권도(權道)로 통달케 하는 지혜. 불보살이 여러 가지 방법을
써서 진실한 대도로 이끌어 들이는 권지(權智). 여기서 권(權)은 눈
높이를 맞추는 것을 말한다.

가행방편(加行方便)의 자기 수행법에는 철야정진, 오후불식, 묵
언, 예불, 3000배 절하기, 독경, 염불, 주력, 100일 기도 등 여러
가지가 있다.

지혜는 반야(般若, Prajñā)의 번역. 경에서는, 선정 삼매를 통하
지 않고서는 반야를 성취할 수가 없고, 반야를 성취하지 않고서는
대각을 이룰 수가 없다고 역대 조사는 하나같이 말한다. 반야 지혜
의 완성에서는 마치 둥근 원과 같이 시작과 끝이 없고 다만 하나의
원일 뿐이다. 때문에 중생과 부처, 피안과 차안, 주관과 객관, 너와
내가 마음 안에 둘로 남아 있다면 아직 부족하다. 이사무애(理事無
碍)·사사무애(事事無碍)에서 본질과 현상이 둘이 아니고, 큰 것과

작은 것, 긴 것과 짧은 것이 서로 다르지 않기에, 마음이 한결같이 걸림이 없다. 이런 반야 지혜로 수행을 해야 참 수행이므로 오히려 깨닫고 나서 하는 수행이 참 수행이라고 조사는 말한다.

욕기심종이구출로재(欲冀心宗而求出路哉)

어떻게 선종을 기대해서 삼계(三界)의 고통으로부터 해탈하려고 하느냐.

심종(心宗)은 불심종(佛心宗)의 약칭으로 선종(禪宗)의 다른 이름이다. 선종에서 종을 세우는 기본은 언어 문자가 아니고 부처님의 심인을 전해 받은 종지(宗旨)로써 심인(心印)이다. 안으로는 깨닫는 마음과 밖으로는 깨달음, 이 둘이 하나가 된 이름이 불심인(佛心印)이며, 다른 이름으로는 부처님의 내자증(內自證) 삼매라고 한다.

단견지절 책궁비해(但堅志節 責躬匪懈)

게으름은 수행자에게 마약과 같이 위험한 것. 최후로 ≪유교경(遺敎經)≫에서 부처님은, 방일하지 말라[不放逸], 하는 유언을 제자들에게 남기셨다. 대개 수행자의 악(惡)이 정진하지 않고 게을리 지내는 습관에서 비롯되기 때문이다. 스스로 큰 원을 세워서 게으름에 빠지지 않도록 경책하고 초발심으로 돌아가 늘 새롭게 출발해야 한다.

방일(放逸)과 정진(精進)

부처님의 유언에, 불방일 정진(不放逸 精進)이 있다. 게으르지 말고 정진하라, 하고 열반하실 때에 당부하신 것은 수행자의 큰 적이 게으름이며, 정진하지 않는 일이기 때문이다.

고전에, 게으름을 경책하는 말로 촉직(促織)과 나부어(懶婦魚)란 용어가 나온다. 촉직(促織)은 귀뚜라미의 다른 이름. 여자가 베 짜는 일을 게을리 하지 않도록, 곁에서 귀뚤귀뚤 운다고 한다. 나부어(懶婦魚)는 게으른 아낙네의 고기란 뜻. 이 고기 기름으로 베 짜는 방에 켜면 어둡고, 노름방에 켜면 밝다는 교훈이 담겨져 있다.

승가에서는 풍경과 목탁·목어로써, 게으름을 경계한다. 물고기 모양의 불구(佛具)에서 소리가 나는데, 물고기는 자나깨나 항시 눈을 뜨고 있기 때문이다. 수행자가 마음의 눈을 뜨고 항상 깨어 있는 것에 비유한 것이다.

방일(放逸)과 정진(精進)에 대해 더 자세히 살펴본다.

방일(放逸, 범어 pramāna)은 심소(心所, 心的 작용)의 이름. 약칭은 일(逸).

구사(俱舍) 75법의 하나, 유식(唯識) 100법의 하나. 방종(放縱)하여 욕망(欲望)에 맡겨버리고, 착한 일을 정진 수행하지 않는 정신 상태를 말한다. [成唯識論 권육·品類足論 권삼·入阿毘達磨論 권상·順正理論 권십일]

정진(精進, 범어 vīray, 파리어 viriya)의 음역은 비리야(毘梨耶)·비리야(毘離耶). 뜻은 정근(精勤), 근정진(勤精進), 진(進), 근(勤)으로 풀이한다. 부언하면, 여러 선법(善法)을 용맹(勇猛)하게 부지런히 닦아 나아가는 것이다.

불교교의(佛敎敎義)에 따라, 수선단악(修善斷惡, 선을 닦고 악을 끊음)하고 거염전정(去染轉淨, 오염을 버리고 청정함으로 바꿈)의 수행 과정에서 게으름을 피우지 않고 꾸준히 나아간다.

정진(精進)은 수도(修道)의 근본(根本)이다. 구사종(俱舍宗)은 십대 선지법(十大善地法)의 하나로 삼고, 유식종(唯識宗)은 십일선심소(十一善心所)의 하나로 심고 있다.

또 정진(精進)은 37도품(道品) 중 사정근(四正勤)·오근(五根)·오력(五力)·칠각지(七覺支)·팔정도(八正道)의 하나로써 비중이 크며, 이외에 정진(精進)은 육바라밀(六波羅蜜)·십바라밀(十波羅蜜)의 하나에 들어 있다.

정진(精進)은 정진바라밀(精進波羅蜜)과 구별하지만, 많은 경론(經論)의 내용은 일정치 않다.

≪우바새계경(優婆塞戒經, 권칠)≫ 비리야바라밀품(毘梨耶波羅蜜品)·≪대지도론(大智度論, 권십육)≫에 따라 정리하면, 정진(精進)은 세간(世間)과 37도품(道品)에서 쓰는 말이고, 정진바라밀(精進波羅蜜)은 보살(菩薩)이 수행하여 불도(佛道)를 증득한다는 말로 구별한다.

경론(經論) 중 정진의 종류가 많다.

첫째, ≪대승장엄경론(大乘莊嚴經論, 권팔)≫에는 증감(增減)·증상(增上)·사장(捨障)·입진(入眞)·전의(轉依)·대리(大利) 등 6종 정진이 있다.

삼승(三乘)의 정진에는 상·중·하 삼품(三品)이 있다.

성문(聲聞)의 정진은 하품(下品), 연각(緣覺)의 정진은 중품(中品), 보살(菩薩)의 정진은 상품(上品)에 속한다. 또 성문과 연각은 작은 정진으로 하각(下覺), 보살의 큰 정진은 상각(上覺)이다.

여기서 주의할 점은, 성문·연각의 기본 가르침인 사성제와 12연기 교리에 잘못이 있다고 여겨서는 큰 착오이다. 부처님의 가르침인 사성제와 12연기에 잘못이 있는 게 아니고, 그것을 수행하는 무리들에게 문제가 있었던 것이다.

사성제에 집착한 성문, 12연기에 빠진 연각에게 문제가 있어 보살의 육바라밀 교리가 발전해 나온 것이다. 다시 보살이 교리에 빠진 점을 두 군데서 크게 꾸짖는다. 하나는 ≪법화경≫의 일승(一乘) 교리이며, 다른 하나는 선종(禪宗)이다. 일승에서는 모두 불성이 있어 다 부처님과 같은 깨달음에 들도록 하여 삼승과는 구별한다. 성문·연각·보살 등 삼승은 어디까지나 방편법이지 실법(實法)이 아닌데, 삼승은 여기에 실법으로 아는 데에 문제가 있다는 주장이다.

선종은 경론의 언어문자에 매여 그것에 집착한 삼승 일승 모두를 단칼에 내려친다. 이심전심(以心傳心)으로 본심(本心), 곧 자기 본래 마음의 깨달음이 우선한 까닭이다. ≪팔만대장경≫이 다 마음 심(心) 한 자를 설명한 것에 불과하다는 주장이다.

둘째, ≪대지도론(大智度論, 권십육 보살 정진분)≫에는 몸 정진과 마음 정진, 두 가지로 나눈다.

몸 정진이란 말은, 기본이 몸의 힘에서 나온 정진이기 때문에 붙여진 이름.

보시(布施) 지계(持戒)는 몸 정진이고,

인욕(忍辱) 선정(禪定), 지혜(智慧)는 마음 정진이다.

근수외사(勤修外事). 밖의 일에 부지런히 닦는 건 몸 정진이고,

내자전정(內自專精). 안으로 전념하여 정진하는 건 마음 정진.

조지정진(粗之精進). 거친 정진은 몸 정진이고,

세지정진(細之精進). 미세한 정진은 마음 정진이다.

위복덕지정진(爲福德之精進). 복덕을 위한 정진은 몸 정진이고,

위지혜지정진(爲智慧之精進). 반야 지혜를 위한 정진은 마음 정진이다.

정진의 공덕 이익을 논하는 ≪대승장엄경론(大乘莊嚴經論, 권팔)≫에는 일곱 가지의 이익이 있다.

① 득현법락주(得現法樂住). 현재 위치에서 법락에 머문다.

② 득세간법(得世間法). 논리와 이치에 맞는 세간 법을 얻는다.

③ 득출세간법(得出世間法). 사량분별을 뛰어넘는 출세간 법을 얻는다.

④ 득자재(得資財). 재물을 얻는다.

⑤ 득동정(得動靜). 동중정(動中靜) · 정중동(靜中動)을 얻는다.

⑥ 득해탈(得解脫). 해탈을 얻는다.

⑦ 득보리(得菩提). 보리를 얻는다.

정진 십종 이익(精進 十種 利益)

≪월등삼매경(月燈三昧經, 권육)≫에는 보살수행자가 청정한 행, 곧 범행(梵行)에 생각을 두고 앞으로 수행해 나아가되, 정진에 게으름이 없는 사람에게는 십종 이익이 있다.

① 타불절복(他不折伏). 일체 사론망계(邪論妄計)에 넘어가지 않는다.

② 득불소섭(得佛所攝). 제불이 섭수(攝受)하여 버리지 않는다.

③ 위비인소호(爲非人所護). 비인(非人)은 귀신의 무리. 어느 때

어느 곳에서나 귀신의 무리가 옹호한다.

④ 문법불망(聞法不忘). 법문을 들으면 잘 기억하고 잊지 않는다.

⑤ 미문능문(未聞能聞). 보살 수행자가 법문 듣기를 즐겨해서 도무지 싫증을 내는 법이 없다. 옛날에 들은 바가 없는 법문을 오늘에 모두 다 듣는다.

⑥ 증장변재(增長辯才). 법의(法義)에 정통하여 변재가 늘어나, 물으면 묻는 대로 대답하는 데에 막힘이 없다.

⑦ 득삼매성(得三昧性). 삼매(三昧)는 정정(正定). 심신(心身) 적정(寂靜)하여 삼매가 뚜렷이 앞에 나타나며, 세상(世相)에 흔들리지 않는다.

⑧ 소병소뇌(少病少惱). 심신(心身)을 잘 다스려서 항상 날듯이 가뿐하고 병과 번뇌가 적다.

⑨ 득식능소(得食能消). 음식을 먹어도 소화력이 좋아 소화불량에 걸리지 않는다.

⑩ 여우발라화(如優鉢羅花). 삶과 죽음의 현장에서도 번뇌에 물드는 법이 없다. 이것은 마치 우발라화(優鉢羅花, 곧 靑蓮花)가 진흙 속에 뿌리를 내려 꽃피우지만, 더러움에 물들지 않은 이치. 보는 사람이 환희심을 일으킨다.

제20과　勤修~勉之

勤修而觀力이 轉深하고 鍊磨而行門이 益淨하리라
長起難遭之想하면 道業이 恒新하고 常懷慶幸之心하
면 終不退轉하리니 如是久久하면 自然定慧圓明하야
見自心性하며 用如幻悲智하야 還度衆生하야 作人天
大福田하리니 切須勉之어다

부지런히 수행함에 관하는 힘이 점점 깊어지고, 연마함에
행하는 일이 더욱 깨끗해지리라. 오랫동안 만나기 어렵다는
생각을 일으키면 도 닦는 일이 늘 새롭고, 항상 다행스럽다는
생각을 품으면 끝내 물러나지 않으리니, 이렇게 하기를 오래
하면 자연히 선정과 지혜가 원만히 밝아져서 자기의 성품을
보며(깨달으며), 자비와 지혜를 환술과 같이 써서, 돌이켜 중
생을 제도하여 인간과 천상의 큰 복밭을 지으리니, 간절히 힘
쓸지니라.

근수이관력 전심(勤修而觀力 轉深)

참선을 하면서 관을 닦으면 거기에서 힘이 점점 커진다.
관은 본래 선(禪, Dhyāna)이나 비파사나와 같은 말이었으나 요

즘은 엄격히 구별해서 쓰고 있다.

지(止, Śamatha)와 관(觀, Vipaśyana)으로 나누어서 설명한다.

지(止)의 힘은, 정력(定力)으로, 밖으로 쏟아져 나가려는 시선을 마음 안으로 돌이켜서 한 곳에 머무르게 한다. 마치 화두(話頭)를 들어서 자기 내면의 세계로 관심이 모아질 때에 마음이 고요하게 평정(平靜)되고, 더 나아가서 무아지경(無我之境)에서 요지부동할 때에 선정 삼매이다.

관(觀)의 힘은 혜력(慧力)으로, 눈앞에 보이는 현상의 이면(裏面)에 내재되어 있는 진실한 이치를 꿰뚫어 본다. 선정 삼매 속의 정중동(靜中動). 유식에서는 심소(心所)로 수상행식(受想行識) 중 수상행(受想行)이 관에 해당한다. 참선의 경계는, 깨어 있으면서 성성하며 다른 한편으로는 고요하여 적적해야 한다는 선구(禪句) '성성적적(惺惺寂寂)' 중, 성성은 관(觀)을 말하고, 적적은 지(止)를 말한다.

조사어록에서, 이 수행자는 정력만 있다, 저 수행자는 혜력만 있다, 하는 표현으로 바르지 못한 수행자를 꾸짖는 말씀이 바로 이 뜻이다.

영어로 선(禪)은 집중(集中)의 뜻인 contemplation에 가깝고 명상은 맑게 한다는 meditation. 요즘 선을 zen meditation으로 써서 명상과 구별해서 쓰기도 한다.

장기난조지상(長起難遭之想)

경전을 펴면서 외우는 개경게(開經偈).

무상심심 미묘법(無上甚深微妙法)

위없이 깊고 깊은 미묘한 법문은

백천만겁 난조우(百千萬劫難遭遇)

백천만겁 지나도록 만나기 어려워라

아금문견 득수지(我今聞見得受持)

제가 이제 수지해서 견문하게 되었으니

원해여래 진실의(願解如來眞實意)

여래의 진실한 뜻을 깨치도록 하소서

경전을 대하는 태도는 이런 간절한 생각이 필요하다.

견자심성(見自心性)

보조 국사 지눌 스님은 53세 평생 세 차례의 깨달음 과정을 겪었다고 스스로 토로하였다.

첫 번째 깨달음은, 1182년 25세 때에 승과(僧科)에 오른 해인데 창평(지금 경기도 안성시 원곡면? 혹은 전남 나주시?) 청원사(清源寺)에서 도반 10여 명 및 대중과 함께 정진하면서 ≪육조단경(六祖檀經)≫을 읽을 때였다.

두 번째 깨달음은, 1185년 28세 때에 하가산(下柯山 혹은 鶴駕山, 지금 경북 예천군 보문면) 보문사(普門寺)에서 3년 동안 정진하면서 이통현(李通玄) 거사의 ≪신화엄론(新華嚴論)≫ 40권을 읽을 때였다

세 번째 깨달음은, 1198년 41세 때 지리산 상무주암(上無住庵, 지금 경남 함양군 마천면)에서 정진하면서 대혜 종고 선사의 어록 ≪서장(書狀)≫을 읽을 때였다.

그 후, 1200년 43세 때에 송광산 길상사(吉祥寺, 지금 조계산 송광사)로 옮겨와 한국불교를 중흥시키기 위해 정혜결사(定慧結社)를 실천하는 대총림을 열었다.

1205년 48세 때 겨울에 ≪계초심학인문(誡初心學人文)≫을 지어 송광사의 청규로 삼도록 하였다. 일설에 따르면, ≪계초심학인문≫의 원고를 탈고한 장소는 억보산(億寶山) 백운정사(白雲精舍, 지금 전남 광양시 옥룡면 白雲山 上白雲庵). 1205년 가을에 백운암 사우(寺宇)를 세우고 겨울 안거를 하며 지내면서 탈고한 것으로 본다.

名言名句

지도무난(至道無難) 무상대도는 어렵지 않다

유혐간택(唯嫌揀擇) 오직 간택만을 꺼릴 뿐

단막증애(但莫憎愛) 증애만 사라진다면

통연명백(洞然明白) 통연히 명명백백하리라

—≪신심명(信心銘)≫ 첫머리에서

보조 스님이 애독하신 경전

　보조 스님은 53세 평생 세 차례의 깨달음 과정을 겪었다고 스스로 토로하였다.

　경전은, 일정한 스승을 모시지 않고 스스로 깨우치는 입장에서[無師自悟] 대선지식이었다. 보조 스님이 평소 애독하며 교화방편으로 쓰신 경전은 다음 네 권이다. 날줄로 삼은 책은 ≪금강경≫이고, 씨줄로 삼은 책은 ≪육조단경≫·≪신화엄론≫·≪서장≫ 등 세 권.

　① 금강경(金剛經)

　오조 홍인(弘忍, 602~675) 스님 이후부터 선종의 소의경전(所依經典)으로 채택되어 참선자의 교과서가 되었다. 다음은 육조 혜능 스님이 깨달음을 얻을 때의 구절.

　　응무소주(應無所住) 응당 머무는 곳이 없이
　　이생기심(而生其心) 마음을 내야 한다

　축원문에는, 그물에 걸리지 않는 바람처럼, 진흙에 물들지 않는 연꽃처럼, 청정한 마음으로 세간에서 살기를[處世間 如虛空 如蓮華 不着水 心淸淨] 발원하는 구절이 있다. 구도자는 집착심, 애착심이 없다는 뜻.

② 육조단경(六祖檀經)

나선 비구경(那先 比丘經), 천불 명호경(千佛 名號經)과 함께 불경이 아니면서 경이란 이름이 붙은 세 경(經) 중의 한 권. 다음은 보조 스님이 깨달음을 얻을 때의 구절.

진여자성 기념(眞如自性 起念)

진여 자성이 생각을 일으키면

육진 수견문각지(六塵 雖見聞覺知)

비록 보고 듣고 깨닫고 아는 육진이지만

불염만상(不染萬象)

만상에 물들지 않아서

이자성 상자재(而自性 常自在)

자성은 항상 자재롭다

③ 신화엄론(新華嚴論)

다음은 보조 스님이 깨달음을 얻을 때의 구절. ≪화엄경≫ 출현품에 나오는, 일진함 대천 경권(一塵含 大千 經卷, 한 티끌 속에 대천 경권이 들어 있다)에 대한 사사무애(事事無碍)의 도리를 해설한 내용이다. 스님은 깨달음의 순간에 눈물을 흘리면서 법열(法悅)에 젖었다고 한다.

여래지혜 역부여시(如來智慧 亦復如是)

여래의 지혜 또한 이와 같아서

구족재어 중생신중(具足在於 衆生身中)

중생신 안에 온전히 갖추어져 있다

단제범부 부지불각(但諸凡夫 不知不覺)

그런데도 범부들이 모르고 있을 뿐이다

≪법화경(法華經)≫ 신해품, 궁자(窮子)의 비유에서는, 장자의 어린 아들이 난세(亂世)를 만나 부자가 생이별을 하는 고통을 겪고 오래 떠돌이로 지내다가, 정작 대부자인 아버지를 만났을 때에는 이 떠돌이 거지 아들은 아버지를 알아보지 못한다는 이야기가 있다.

④ 서장(書狀)

다음은 보조 스님이 깨달음을 얻을 때의 구절. 사사무애(事事無碍)의 도리다.

선 부재정처(禪 不在靜處)

선은 고요한 곳에 있지 않고

역 부재료처(亦 不在鬧處)

또한 시끄러운 곳에도 있지 않다

부재일용 응연처(不在日用 應緣處)

일상생활 반연하는 곳에도 있지 않고

부재사량 분별처(不在思量 分別處)

사량하고 분별하는 곳에도 있지 않다

연 제일부득 사각 정처료처(然 第一不得 捨却 靜處鬧處)

그러나 제일로 삼가고 고요한 곳과 시끄러운 곳

일용 응연처(日用 應緣處) 일상생활 반연하는 곳

사량 분별처 참(思量 分別處 參)

사량하고 분별하는 곳을 버리지 말고 화두를 참구할지니라

　선(禪)의 본질을 찌르는 구절. 고요한 데에 머무르면 고요한 데에 떨어지고 시끄러운 곳을 피하려고 하면 또한 피하려고 하는 그 마음에 떨어진다. 사사무애(事事無碍)! 큰 것과 작은 것, 높은 것과 낮은 것, 옳은 것과 그른 것, 부처와 중생, 동서남북, 과거 현재 미래, 등등 모든 상대는 무너지고 걸림이 없이 두루 다 통한다. ≪화엄경≫에서는, 일체 걸림이 없는 사람, 큰 도에서 생사를 뛰어넘는다(一切 無碍人 一道 出生死)라고 하였다.

名言名句

무념(無念, 청정한 생각)이 종지이고

무상(無相, 모양에 집착하지 않은 것)이 본체이고

무주(無住, 걸림 없는 머무름)가 근본이다.

—≪육조단경(六祖檀經)≫에서

장엄한 최후

　　보조 스님의 열반이 있기 한 달 전쯤의 일이다. 1210년 희종 6년 음 2월에 모친의 49재, '신원적(新圓寂) 자모(慈母) 조(趙)씨 영가'의 천도재를 직접 봉행하였다. 이후 건강이 별로 좋지 않았다. 음 3월 26일의 일이다. 스스로 열반할 때가 되었음을 깨달은 보조 스님은 시자에게 범종을 쳐서 산중 대중이 설법전에 모이도록 지시하였다.

　　보조 스님은 주장자에 의지해서 겨우 몸을 가누고 법상 위에 올라앉았다. 법문은 평소대로 하고 문답도 나누었다. 열반을 한 때는 이튿날인 3월 27일 새벽 법회 시간이었다.

　　"자, 이제, 이런 자리를 가질 때도 얼마 남지 않았어. 대중은 어려워 말고 묻고 싶은 게 있거든 속히 물어라. 내가 세상을 떠난 뒤에 그때 가서 '이걸 물었어야 했는데' 하고 아쉬워해서는 늦다. 자, 생각나는 대로 어서 무슨 질문이든지 물어라."

　　이때였다. 청중 가운데서 성큼 일어선, 선방 한 수좌(首座)가 있었다. 그는 앞으로 나아가서 절을 올리고 나서 큰소리로 여쭈었다.

　　"스님, 스님께서는 지금, 병이 몹시 깊어 보입니다. 스님께서는 옛날 인도 바이샬리 지방의 유마 거사가 앓아 보이신 병과, 오늘 조계산의 목우자 스님께서 앓고 계시는 병은 서로 같습니까, 다릅니까?"

　　유마(維摩, Vimalakīrti)는 유마힐(維摩詰)이라고도 한다. 부처님의 속가 제자로, 뜻으로 번역하면 정명(淨名)·무구칭(無垢稱). 파트나 부근의 바이샬리 지방 큰 부자로서 도를 크게 이룬 거사. ≪유마경(維摩經)≫은 유마 거사를 중심으로 구성된 경전이다.

≪유마힐소설경(維摩詰所說經, 3권)≫은 ≪유마경≫의 원래 이름이며 405년에 구마라습이 번역한 한역이 있고 이 외에 지겸(支謙) 역본 2권, 현장 역본 6권이 있다.

유마 거사의 병중에, 문수 보살이 여러 성문(聲聞)과 도력이 높은 보살들을 데리고 문병을 갔을 때였다.

이때 유마 거사는 다양한 신통을 내보인다. 불가사의한 해탈(解脫) 상으로 문병객을 놀라게 한다. 서로 문답을 나누다가, 무주(無住)의 근본에서 일체의 법(法)이 생기는 법문과 불이(不二) 법문 등을 나눈다. 동참자 모두 입을 열고 불이(不二) 법문을 말한다. 그러나 유마 거사는 묵언(默言)으로 높은 법력을 나타낸다.

유마 거사는, 왜 병이 들었느냐는 문병객의 질문에 대하여 후세에 길이 남을 명언을 말한다.

"중생이 아프기 때문에 보살도 아프다."

도인은 도를 이루었기 때문에 원래 아프지 않다. 그러나 중생과 똑같이 아파야 진정한 도인이고 보살이다, 이런 뜻. 왜냐하면 중생이 아픈데 어찌 도인이라고 아프지 않을 수가 있을까! 중생과 보살은 한 몸이고 둘이 아니기 때문이다.

보조 스님은 수좌(首座)의 질문에 이렇게 입을 열었다.

"너는 지금까지 같은 것과 다른 것만 배워 왔느냐?"

이렇게 있는 힘을 다해 말하고 나서 주장자를 들어 쾅 하고 내려쳤다.

청법 대중이 잠잠히 있자, 보조 스님은 주위를 한 번 돌아보고,

"이 주장자 소리 속에 모든 대답이 다 들어 있다."

하고는 주장자를 쥔 채 법상에서 그대로 열반에 드셨다. 장엄한 최후였다. 이때 하늘에서는 곡곡 하고 우는 백학이 날고 뒷산에서는 큰돌이 연이어 굴러 떨어졌다.

보조 스님의 목우가풍(牧牛家風)을 이은 제2대 조계산주(曹溪山主)는 진각(眞覺) 스님. 스승도 스승이지만 제자가 그만큼 뛰어나야 스승의 덕망이 크게 드날린다는 귀감이 되었다. 다음은 16국사를 모신 국사전(國師殿) 현판의 첫 구절이다.

"산이 높다고 명산인가. 신선이 살아야 명산이지. 물이 깊다고 영천(靈川)인가. 용이 살아야 영천이지. 여기 조계산은 높은 산, 깊은 물이 아니지만……."

名言名句

설사 해칠 뜻을 일으켜	큰 불구덩이에 밀어 넣어도
관음을 생각하는 그 힘으로	불구덩이 변하여 연꽃 핀 못이 되고
높은 산 절벽에서	원수에게 떠밀려도
관음을 생각하는 그 힘으로	허공의 해와 같이 높이 떠 있으며

—관세음 보살 보문품에서

제2장 發心修行章

해 설

원효(元曉) 스님의 깨달음

≪발심수행장(發心修行章)≫은 원효(元曉, 617~686, 70세) 스님 이 자신의 수행 체험을 바탕으로 저술한 총 706자로 된 운문이다.

경주 분황사(芬皇寺)는 원효 스님의 근본 도량이라 할 만하다. 29세 때에 출가한 본사이고, 깨달음 이후 ≪화엄경소(華嚴經疏)≫ 를 지었던 장소이며, 말년에도 한동안 머물렀던 절이다. 원효 스님 자신도 '분황사 사문 원효'라고 스스로를 소개할 만큼 분황사를 끔 찍이 생각했던 것 같다.

수행 초기에 스승으로 모신 한 분은 도가 고매하기로 이름난 낭 지(朗智) 스님. 그는 특히 ≪법화경≫으로 뛰어난 선지식이었다. 경 남 울주군 소재 영축산(靈鷲山)에서 산봉우리를 사이에 두고 동쪽 산 위 토굴 혁목암(赫木庵)에서는 스승 낭지 스님이 머물고 있었고 서북쪽 기슭 반고사(磻高寺)에서는 원효 스님이 머물고 있었다. 낭 지 스님을 친견하여 가르침을 받던 어느 날이었다. 초장관문(初章 觀文)과 안신사심론(安身事心論)을 지으라는 분부를 받고는 그걸 지어서 올리기도 하였다. 미루어 짐작하건대, 이때 영축산 시절의 체험이 ≪발심수행장≫의 내용 가운데에 적잖이 들어 있지 않을까 싶다. ≪발심수행장≫의 첫 구절 화택문(火宅門)은 ≪법화경≫ 비 유의 내용이다.

수행 과정에서 일화가 많다.

우선 깨달음에 관한 일화이다. 원효 스님은 한때 도당(渡唐) 유학의 꿈을 안고 중국으로 건너가려고 두 차례 시도를 한 경험이 있다.

첫 번째 시도는, 650년 34세 때의 일이다. 육로로 의상(義湘, 625~702, 78세) 스님과 함께 고구려 땅을 거쳐 요동을 통과하려고 할 때에 고구려 수비군에게 정탐자로 붙잡혀서 고문을 당하고 수십 일 만에 간신히 풀려 나온 적이 있다. 이때는 유식(唯識)을 밀도 있게 배우는 게 목적이었다.

두 번째 시도는, 661년 42세 때의 일이다. 바닷길로 의상 스님과 함께 서해를 건너서 가려고 할 때 뜻밖에 깨달음을 얻고 신라로 돌아온 일이 있다.

대오(大悟)의 장소는 백제의 영토 남양만(지금 수원 지방)으로 가는 길목, 직산(稷山, 지금 성환과 천안 사이)으로 알려져 있다. 야산 어느 무덤 안에서 잠을 잘 때였다. 당시 큰 무덤 안의 구조는 특이하여, 사람이 안으로 들어갈 수가 있는 굴 문이 있고 그 통로를 따라 안으로 들어가면 넓지는 않으나 무덤 안에서 사람이 머물 수가 있는 공간이 갖추어져 있었다. 지금 무덤과는 다른 특이한 실내 구조이다.

한밤중, 사방은 칠흑 같은 어둠뿐이었다. 목이 몹시 말라 눈을 뜨고 무덤 밖으로 나왔다. 원효 스님이 무덤 앞에 있는 못 가에 가서 물을 한 모금 마시려고 할 때였다. 희미한 어둠 속에서 무슨 바가지 같은 게 손에 잡혔다. 별 생각이 없이 단숨에 바가지의 물을 들이켰다. 물맛은 정말 감로수나 꿀맛과 같이 달았다.

이튿날 새벽, 어둠이 가시는 시간이었다. 두 사람이 잠이 깨어 무덤 밖으로 나와 길 떠날 준비를 할 때였다. 문득 원효 스님의 눈에 띈 것이 있었다. 어젯밤 물을 마셨던 그 바가지는 해골 바가지였다.

"아니? 저, 해골 바가지의 빗물을 내가 마셨다니!"

속이 메스꺼워서 심한 구토증을 느끼며 악, 하고 토하는 순간이었다. 이때 홀연 대오하였다. 오도송(悟道頌)은 새로 지은 내용이라기보다 《화엄경》의 내용을 그대로 옮겨온 구절들인데 몇 글자가 다르다.

심생즉 종종법생(心生則 種種法生) 마음을 내면 가지가지 법이 일어나고

심멸즉 촉루불이(心滅則 髑髏不二) 마음을 거두면 해골 물과 맑은 물은 둘이 아니로다

삼계유심(三界唯心) 삼계의 근본은 마음이요

만법유식(萬法唯識) 만법의 근본은 의식이라

심외무불(心外無佛) 마음의 밖에는 부처가 없다

호용별구(胡用別求) 그런데, 어찌 따로 부처를 구하랴

여기서 원효 스님은 신라에 돌아와 70 평생을 보살 만행의 길을 걸었다. 그리하여, 그의 고매한 인품과 학덕은 후세에게 끼친 바 매우 커서 민족의 태양과 같은 존재가 되었다.

원효 스님의 저서는 100여 종 240여 편, 또는 85종 170여 편으로 알려져 있어 기네스북의 최대의 저술가 셰익스피어보다 앞선 초인적인 저술가로 꼽힌다. 다만 많은 책들이 제목만 남아 있고 산실

되어 현존하는 19부 22권 외에는 확인할 길이 없다. 내용으로 살펴
보면, 저서 목록 가운데에서 유식과 율장, 그리고 기신론과 관련된
부분이 가장 많다.

名言名句

① 자기 마음을 안으로 돌이켜 보지 않는 이는 암만 경전을 읽어도
쓸데없는 헛일이요

② 자기 성품이 공한 줄을 알지 못한 이는 암만 좌선을 하여도 쓸데
없는 헛일이요

③ 정법을 따르지 않는 이는 암만 고행을 쌓아도 쓸데없는 헛일이요

④ 아만심을 버리지 않는 이는 암만 불법을 공부하여도 쓸데없는 헛
일이요

⑤ 스승 될 덕이 없는 이는 암만 대중을 모아 제도를 하려고 해도 쓸
데없는 헛일이요

⑥ 안으로 참된 덕이 쌓이지 않는 이는 암만 겉치레를 하여도 쓸데
없는 헛일이요

⑦ 신심이 없고 마음이 진실하지 못한 이는 암만 구변이 좋아도 쓸
데없는 헛일이요

⑧ 결과만 바라고 인을 짓지 않는 이는 암만 구도의 길에 들어도 쓸
데없는 헛일이요

⑨ 뱃속에 남을 업신여기는 마음이 있는 이는 암만 유식해도 쓸데없
는 헛일이요

⑩ 일생 동안 괴팍스런 행동을 일삼는 이는 암만 청정한 대중과 지
내도 쓸데없는 헛일이니라.

　　　　　─청매 인오(靑梅印悟, 광해군 때
　　　　　　　　지리산 연곡사) 스님의 십무익송(十無益頌) 법문

화쟁사상

화쟁 사상(和諍思想)하면 원효 스님이고 원효 스님 하면 화쟁 사상이다.

화쟁 논리의 근본은 ≪금강삼매경론(金剛三昧經論)≫의 무이 이불수일(無二而不守一) 사상이다. 무이 이불수일은, 서로는 둘이 아니다. 그러나 하나만을 고집하지도 않는다는 뜻. 예를 들면, 사랑하는 남녀 두 사람은 이제 서로는 둘이 아니다. 또한 보살의 자비심에서 보면, 제 한 몸이 중생신이고 중생신이 바로 제 한 몸으로, 보살과 중생은 일심동체(一心同體)이다. 세계를 넓게 보면 한 생명체, 한 세포, 한 몸이라는 뜻이다.

그러나 반드시 한 몸, 한 테두리, 하나만을 고집하지도 않는다. 하나이면서 둘이고 둘이면서 하나이기 때문이다. 옛사람은 이렇게 말하였다.

불법문중 불수일법(佛法門中 不守一法)
불법 문중에는 한 법도 지킬 게 없으나
불사작법 불사일법(佛事作法 不捨一法)
불사 작법에서는 한 법도 버릴 게 없다

깨달음의 입장에서는 지킬 법이 하나도 없으나, 수행 현장에서는 한 법도 버릴 게 없어 모두가 다 필요하다는 뜻.

원효 스님은 화쟁십문론(和諍十門論)에서 말한다.

"불도(佛道)는 넓게 툭 트여서 걸림이 없으니 테두리가 없다. 어디에 의지하는 바가 아주 없기 때문에 타당치 않는 게 없다. 따라서, 타 교의(教義)란 것도 모두가 부처님의 교의인 것이다. 백가(百家)의 설이 옳지 않음이 없으며, 팔만 사천 법문이 모두 한 이치로 들어간다."

"자기가 조금 들은 것으로 만족하여, 그 좁은 견해를 고집하는 사람이 있다. 다른 사람이 혹 자기 견해가 옳다고 하면 좋아하고 혹 그르다고 하면 싫어한다. 비유하자면, 마치 갈대 구멍으로 하늘을 보는 사람과 같다. 갈대 구멍으로 하늘을 본 사람만을 가리켜서, 하늘을 본 사람이라고 여기고, 그렇지 않은 사람은 하늘을 못 본 사람이라고 여기는 사람이다."

의천(義天) 대각국사는 원효 스님의 업적을 평하되, 백가(百家)가 서로 다투는 단서(端緒)를 모아 화합하도록 한 분으로, 가장 공평하다는 평을 받았다, 라고 하였다.

≪종경록(宗鏡錄)≫에서 영명 연수(永明延壽) 스님은 말한다.

"원효 스님의 지혜가 환히 빛남은 마치 해와 달과 같다. 학식은 인천(人天)의 마음을 꿰뚫었고 정법을 온전히 깨달아 진여(眞如)의 밀밀한 뜻에 계합하였다. 스님은 과연 대오(大悟)하고 대철(大徹)한 분이시다."

고려 숙종은 재위 6년(1101년)에, 원효 스님이 인도·중국·일본 등지에서 받들어 모시는 동방의 성인이신데, 시호가 없음을 애석하게 여기고 시호를 추증하여 화쟁국사로 모시도록 하였다.   다음은

≪동문선(東文選, 권 50)≫에 실려 있는 김부식(金富軾)의 화쟁국
사 영찬(和諍國師 影讚)이다.

　　회회일도 낙락기음(恢恢一道 落洛其音)

　　아주 넓으신 도에, 적재적소로 깨우치는 사자후여

　　기문자이 대소천심(機聞自異 大小淺深)

　　듣는 사람마다, 대소심천 차별이 많은데도

　　여삼주월 여만규풍(如三舟月 如萬竅風)

　　세 척 배에서 보는 달이며, 잘 부는 바람과 같으며

　　지인대감 즉이이동(至人大監 卽異而同)

　　참마음 큰 거울에는, 다른 것도 하나로 통합니다

　　유가명상 방광원융(瑜伽名相 方廣圓融)

　　유가의 명상에 투철하심은, 방광 원융하셔라

　　자아관지 무주불통(自我觀之 無住不通)

　　내면을 관하는 힘은, 통하지 못할 데가 없으시네

　　백천공해 만상일천(百川共海 萬像一天)

　　냇물이 바다로 모이고, 만물이 하늘 아래 있듯이

　　광의대의 막득명언(廣矣大矣 莫得名焉)

　　넓고 크셔라, 그 존함 무엇이라고 붙이기도 어렵네

제1과 夫諸~心寶

夫諸佛諸佛이 莊嚴寂滅宮은 於多劫海에 捨欲苦
行이요 衆生衆生이 輪廻火宅門은 於無量世에 貪慾
不捨니라 無防天堂에 少往至者는 三毒煩惱로 爲自
家財요 無誘惡道에 多往入者는 四蛇五欲으로 爲妄
心寶니라

모든 부처님이 적멸궁(寂滅宮)을 장엄하심은, 많은 세월에
욕심을 버리고 고행을 하심이요, 허다한 중생들이 화택(火宅)
속에서 윤회함은, 한량없는 세상에 탐욕을 버리지 못함 때문
이니라.

막지 않는 천당에 이르는 이가 적은 것은, 3독의 번뇌로 자
기 집 재물을 삼음이요, 끌어들이지 않는 악도에 들어가는 이
가 많은 것은, 4대(地·水·火·風) 색신 5욕락(食·睡·
色·名·財)으로 허망한 마음의 보물을 삼음 때문이니라.

부제불제불 장엄적멸궁(夫諸佛諸佛 莊嚴寂滅宮)

글 전체는 운문으로, 운율을 유지하기 위하여 같은 글자를 반복
하기도 한다.

적멸은 불교 최고의 이상인 열반(涅槃, Nirvāna). ‘불을 끄다’가 원 뜻으로, 번뇌의 불꽃이 꺼진 상태. 생사(生死) 윤회의 인과가 사라져서 다시는 미계(迷界)에 태어나지 않는다. 적멸의 궁전은 적멸을 형상화한 말. ‘적멸궁’이 ‘적멸보궁(寂滅寶宮)’이란 말로 쓰이는 경우가 있다. 자장(慈藏) 율사가 부처님의 진신사리를 모신 절로써 5대 적멸보궁(寂滅寶宮)이 있는데, 통도사·봉정암·정암사·법흥사·상원사이다.

어다겁해 사욕고행(於多劫海 捨欲苦行)

겁(劫, Kalpa)은 겁파(劫波)라고도 한다. 분별시분(分別時分)·장시(長時)·대시(大時)라 번역. ① 인도에서 말하는 시간 단위. 색계 범천(梵天)의 하루. 환산하면 인간의 4억 3천2백만 년. ② 불교에서 연월일을 알 수 없는 긴 시간의 표시.

㉠ 개자겁(芥子劫)은, 둘레가 40리 되는 큰 성이 하나 있는데 그 성안에는 개자를 가득 쌓아둔 것에 비유이다. 장수선인(長壽仙人)이 3년마다 한 차례씩 내려왔다가 떠날 때에 꼭 개자 하나를 집어 간다고 한다. 이렇게 해서 3년마다 반복하여 개자가 다 줄어 없어지면 1소겁(小劫).

㉡ 불석겁(拂石劫)은 반석겁(磐石劫)이라고도 한다. 큰 바위가 하나 있는데 그 돌의 둘레는 40리가 된다. 하늘 사람이 아주 가벼운 옷으로 천의(天衣)를 입고 3년마다 한 차례씩 내려와서 스치고 올라간다고 한다. 이렇게 3년마다 반복해서 큰 바위가 다 닳아 없어지면 1소겁(小劫). 큰 바위 크기가 80리 둘레면 1중겁(中劫), 120리 둘레면 1대겁(大劫).

ⓒ 인수겁(人壽劫)은 사람의 나이로 비유한다. 처음은 8만 4천 살이라고 하고 100년마다 1살씩 줄어들어 10살이 되는데, 다시 100년마다 1살씩 더하여 8만 4천 살이 차면 1소급(小劫).

고행(苦行)과 중도(中道)는 서로 다른 말. 부처님이 정말 6년 간의 고행을 하여 깨달음을 성취하신 것일까. 피골이 상접하리만큼 6년 간의 혹독한 고행 끝에 깨달음을 성취하신 것이라고 많이 알고 있으나 큰 오해이다. 부처님은 최후에 고행을 버리고 중도의 도리로 돌아와서 바른 수행을 한 끝에 깨달음을 성취하신 것이다.

고행은 인욕(忍辱) 바라밀이며, 진정한 수행자는 이름을 구하지 않고 이익을 좇지 않는다는 뜻이다. 맛으로 먹는 것, 게으름으로 잠자는 것, 성의 엑스터시로 짝짓기 하는 것 등을 인욕하고 불도(佛道)를 성취한 것이다.

중생중생 윤회화택문(衆生衆生 輪廻火宅門)

부처와 중생, 적멸과 화택은 대구(對句). 화택(火宅, Ādīptāgāra)은 ≪법화경≫ 비유품에 '삼계무안 유여화택 중고충만 심가포외 상유생노 병사우환 여시등화 치연불식(三界無安 猶如火宅 重苦充滿 甚可怖畏 常有生老 病死憂患 如是等火 熾燃不息)'으로 나오는 말. 삼계가 불안스러운 것이 마치 불난 집과 같다. 온갖 고통이 충만하여 두려울 뿐. 항상 생로병사 우환이 있어, 이와 같은 불길의 타오름은 쉴 새가 없다는 뜻. 화택은 욕심과 번뇌의 불길 속에 타고 있는 우리 인간에 비유한다. 눈이 불타고 있다, 귀가 불타고 있다, 입이 불타고 있다, 마음이 불타고 있다는 등등.

무방천당(無防天堂)

천당은 천상계(天上界)를 말하며, 크게 구분하면 28천이다.

(1) 욕계 육천(欲界六天) : 욕계의 여섯 천상세계.

① 사왕천은 수미산 제4층의 4면에 있는 세계. 팔부신중(八部神衆)을 거느린다. 1일1야가 인간 50년 수명. 키는 인간 곱절.

동쪽 지국천왕(持國天王)은 동방의 수호신으로 왼손에 칼을 들고 있다.

남쪽 증장천왕(增長天王)은 다른 이의 선근(善根)을 증장시킨다는 뜻. 구반다 등 귀신을 지배한다. 오른손에 칼을 쥐고 있다.

서쪽 광목천(廣目天)은 악안(惡眼)이라고도 번역. 두 눈은 칼날같이 부릅뜨고 입은 쩍 벌린 험악한 모습으로 용신(龍神)을 거느린 서방 수호신. 혹 잡어(雜語)라고 번역한 것은 웅변으로 나쁜 상대를 굴복시킨 까닭이다.

북쪽 다문천왕(多聞天王)은 비사문천(毘沙門天)으로 더 잘 알려져 있다. 나찰(羅刹, 식인귀)과 야차(夜叉)의 무리를 부하 권속으로 거느리고 부처님 도량에서 법문을 들으며 호법 신장 역할을 한다. 팔부신중의 한 귀신인 야차에는 날아다니는 천(天) 야차, 허공(虛空) 야차와 날아다니지 못하는 지(地) 야차 등 세 종류의 야차가 있다.

② 도리천(忉利天)은 33천. 도리는 인도말로 33을 말한다. 동서 남북 각 방향마다 여덟 천이 있고 맨 중앙에 중앙 제석천(帝釋天) 천이 있어 사천왕 세계를 다스린다. 1주야가 인간 100년.

③ 야마천(夜摩天)은 시분천(時分天). 야마는 인도말로 시분을 말

한다. 시분마다 즐거움이 있다는 뜻. 1주야가 인간 200년.

④ 도솔천(兜率天)은 지족(知足)이라 번역. 충분히 만족스럽다는 뜻. 위치는 수미산 꼭대기에서 12만 유순 되는 곳에 있는 천상 칠보 궁전. 이곳은 내원과 외원으로 구별하고 천상 대중의 욕락 거처는 외원, 다음 세상의 부처로서 대기 중인 미륵 보살의 거처는 내원이다. 1주야가 인간 400년.

⑤ 화락천(化樂天, 樂變化天)은 대경(對境)을 자신의 오락처(娛樂處)로 바꾼다. 1주야가 인간 800년. 서로 마주보고 웃으면 성(性)의 엑스터시(황홀)를 느낀다.

⑥ 타화자재천(他化自在天)은 가장 높은 곳으로 육욕천의 왕인 마왕 파순이 머문다. 눈이 서로 마주치는 것만으로도 성의 엑스터시를 느끼며 아이를 낳으려는 생각을 하면 아이가 무릎 위에 나타난다. 1주야는 인간 1,600년.

(2) 색계(色界) 18천은 욕계와 같은 탐욕은 없고 미묘한 형체의 몸이 있는 세계로 아직은 물질에 얽매어 있다. 선정의 깊이에 따라 초선천(初禪天)·2선천·3선천·4선천 등 네 개의 천이 있고 세분하면 18천이 있다.

(3) 무색계(無色界) 4천은 색계와 같은 미묘한 형체의 몸이 없고 순수한 정신의 세계로 수상행식(受想行識) 사온(四蘊)만이 있다.

① 공무변처(空無邊處)는 공의 무변함을 깨닫고 태어난다. 색신인 몸뚱이를 싫어하고 허공에서 출입자재를 즐긴다.

② 식무변처(識無邊處)는 공무변처의 한계를 느끼고 태어난다.

마음이 부동한 상태에 들어가 과거 현재 미래 삼세가 정(定) 가운데에 나타나, 식이 청정하고 적적함을 깨닫고 태어난다.

③ 무소유처(無所有處) 이곳은 식무변처의 한계를 느끼고 소연(所緣)이 모두 소유(所有)가 없음을 수행하여 이 단계를 아주 어렵게 깨닫고 태어난다.

④ 비상비비상처(非想非非想處)는 맨 꼭대기에 위치하여 유정천(有頂天)이란 이름이 있다. 비상(非想)이란 말은 비상비비상처의 아래 단계와 같은 거친 생각이 없다는 뜻이고, 비비상(非非想)이란 말은 이 가운데에 아직 세밀한 생각이 없다는 뜻. 다른 외도의 가르침에서는 이 비상비비상처를 진정한 열반처로 말한다.

삼독번뇌(三毒煩惱)

탐심(貪心)과 진심(嗔心)과 치심(癡心)을 말한다. 욕심을 부렸다가 채워지지 않으면 화를 내고, 이를 참회하지 않아서 다시 어리석은 마음에 떨어진다.

사사오욕(四蛇五欲)

지수화풍(地水火風)을 사대(四大)라고 하여 희랍의 4원소설(元素說)과 분명하게 구별을 한다. 왜냐하면 4원소설은 고정 실체로서의 지수화풍이지만 사대설은 이와 다르다. 불교에서는 어떤 고정 실체를 인정하지 않듯이, 지수화풍 역시 연기(緣起)의 가화합(假和合)으로 여긴다. 흔히 착오를 가져오는 불교교리 가운데 하나이다.

제2과 人誰~如佛

人誰不欲歸山修道리요마는 而爲不進은 愛欲所纏이니라 然而不歸山藪修心이나 隨自身力하야 不捨善行이어다 自樂을 能捨하면 信敬如聖이요 難行을 能行하면 尊重如佛이니라

사람이 누군들 산에 들어가 수도하고자 하지 않으리요마는, 이에 나아가지 못함은 애욕에 얽매인 탓이니라. 그러나 산중 숲 속에 들어가 마음을 닦지 못하여도, 자신의 힘껏 선행을 버리지 말지니라. 제 욕락을 능히 버리면 믿어 공경하기를 성인과 같이 하고, 어려운 행을 능히 행하면 존중하기를 부처님과 같이 하느니라.

인수불욕 귀산수도(人誰不欲 歸山修道)

개인적인 이야기이지만, 강설자가 처음 입산해서 행자실에서 받은 첫날 강의 시간이었다. 강의내용은 ≪초발심자경문≫이었고 강의 진도는 이미 앞서 나아가 있어서 그 날은 이 구절을 강의하고 있었다. 강의시간은 내내 온몸에 전율 같은 강렬한 느낌이었다. 와르르 떨려서 얼마나 견디기 어려웠는지 모른다. 사람이 누군들 산

에 들어가서 수도하고자 하지 않으리요마는, 하는 대목이 꼭 나를 두고 하는 말 같아서였다.

이위부진 애욕소전(而爲不進 愛欲所纏)

일을 성취하는 데에는 두 가지가 맞아떨어져야 한다. 하나는 의욕이고, 다른 하나는 능력이다. 초심자는 의욕이 넘치는 반면 능력이 떨어지고, 구참자는 능력이 있는 반면 의욕이 떨어진다. 예로부터 능력과 의욕을 갖춘 사람이 목적달성을 하였다.

애욕에 얽매어서 입산 수도를 못하는 사정을 말한다. 이때는 아직 발심이 되지 않았기 때문에 의욕과 능력이 없는 상황이다.

연이불귀 산수수심(然而不歸 山藪修心)

'연이' 두 자는 '그러나'로 해석한다. 순접(順接)은 '그리하여', '……하였으므로', '……에서'이고 역접(逆接)은 '그러나'이다.

앞뒤 갑을 두 문장을 비교해보면 역접이 자연스럽다.

(갑) 사람이 늘 입산수도를 생각하지 않는 바가 아니지만 애욕에 얽매어서 나아가지 못하고 있다.

(을) 그러나, 입산수도를 하지 못한 사람이라 할지라도 선행만은 버리지 않아야 한다.

수자신력 불사선행(隨自身力 不捨善行)

여기에 원효 스님의 뛰어난 사상이 나타나 있다. 반드시 입산출가자만을 찬탄하지 않는다. 자신의 힘에 따라 능력대로 선행을 버리지 않는 재가자의 길을 따뜻하게 포용한다.

자락능사 신경여성(自樂能捨 信敬如聖)

대체로 역사에서 성인과 같이 대접을 받는 사람들은, 자기 자신의 즐거움을 깨끗이 버린 사람들이다. 즐거움을 누리면서 한편으로 성인과 같은 대접을 바라는 사람은 지독한 욕심쟁이이며 어리석기 짝이 없는 사람이다.

난행능행 존중여불(難行能行 尊重如佛)

견디기 어려운 일을 인욕해야 사람들이 존중하기를 마치 석가모니 부처님과 같이 할 것이다. 온몸을 던져서 동족을 구한다는 원숭이 왕의 이야기, 황금 사슴의 이야기 등 과거 부처님의 인행담은 보시와 인욕행으로 가득 차 있다.

세속적인 이야기로, 흔히들 실리와 명분을 두고 인품을 가늠한다. 명망이 높은 큰 인물은 명분과 실리를 모두 주위에게 넘긴 사람이다.

그 다음 인물은 실리나 명분 가운데서 그중 하나만을 취하고 나머지는 주위 사람에게 넘겨서 아직은 명망이 있다. 셋째 인물은 제 혼자서 명분과 실리를 모두 다 차지하는 졸부이다. 그렇기 때문에 정작 어려움을 당할 때에는 목숨을 걸고 도와주려는 이웃이 하나도 없다. 모두 냉소를 던지고 그의 곁을 떠난다. 이와 같아서, 대접은 아무나 받는 게 아니다. 남의 존경을 한 몸에 받는 사람들은 한결같이 실리와 명분을 돌아보지 않고 깨끗이 버렸던 것이다.

제3과　慳貪 ~ 有終

慳貪於物은 是魔眷屬이요 慈悲布施는 是法王子니라 高嶽峩巖은 智人所居요 碧松深谷은 行者所捿니라 飢殆木果하야 慰其飢腸하고 渴飲流水하야 息其渴情이니라 喫甘愛養하야도 此身은 定壞요 着柔守護하야도 命必有終이니라

　재물을 아끼고 탐함은 마구니의 권속이요, 자비로 보시함은 법왕의 자녀니라. 높은 산 험한 바위는 지혜 있는 이가 거처할 곳이요, 푸른 솔 깊은 골짜기는 수행하는 이가 깃들 곳이니라. 시장하면 나무 열매를 먹어서 주린 창자를 위로하고, 갈증나면 흐르는 물을 마셔서 목마른 생각을 쉴지니라. 맛있는 것을 먹어서 소중히 길러도 이 몸은 결정코 무너지고, 부드러운 옷을 입어서 지켜 보호하여도 목숨은 반드시 마침이 있느니라.

간탐어물 시마권속(慳貪於物 是魔眷屬)

　간탐은 물건을 아끼고 남에게 주지 않는다는 뜻. 탐내어 구하면서 만족할 줄 모르는 마음이다. 대승 불교의 실천윤리인 육바라밀

은 보시를 첫째로 꼽고 있다. 욕심을 버려라, 소욕(小欲)으로 만족하라 하는 정도의 소극적인 면을 떠나서, 이웃에게 보시를 하라 하고 적극적으로 탐욕심에 대응하도록 한다.

마(魔)는 범어 마라(魔羅, Māra)의 준말이고 우리말로는 마구니. 번역은 장애자(障碍者), 살자(殺者), 악자(惡者). 공부에 장애가 되는 일체의 대상으로, 몸과 마음을 요란하게 하여 선법(善法)을 방해하고, 좋은 일을 깨뜨려서 수도에 장애가 되는 것이다.

처음에는 마(磨)자로 쓰여졌으나, 양무제 이후에 삼 마(麻)자 밑에 귀신 귀(鬼)자를 결합한 마구니 마(魔)자를 쓴 것은, 양무제가 공부의 장애가 되는 것이 마치 귀신이 암암리 작용하여 꼼짝 못하게 하는 강력한 힘과 같다고 한 데서 온 것이다.

부처님이 성도를 하실 때였다. 욕계 제6천을 다스리는 마왕이 그의 권속 마군(魔軍)을 거느리고 와서 성도를 방해하였는데 부처님은 신통력을 써서 마군의 항복을 받았다고 한다. 이와 같이 마군은 불도를 방해하는 온갖 악한 것을 말한다.

자비보시 시법왕자(慈悲布施 是法王子)

보시에는 ① 재물로써 하는 재 보시. ② 법문을 들려주는 법 보시. ③ 두려움을 없애주는 무외시(無畏施) 등 세 가지가 있다.

법왕자(法王子)는 범어 Kumārabhūta의 번역이며 동진(童眞)이라고도 한다. 특히 문수 보살·미륵 보살 등 보살을 가리켜서 법왕자라고 하였다. 부처님은 법왕이시며, 미래에 부처를 이룰 불제자들은, 법왕의 아들인 까닭에 법왕자이다.

고악아암 지인소거(高嶽峩巖 智人所居)

요산요수(樂山樂水)는 산을 즐기고 물을 즐긴다는 뜻. 산수의 경치를 좋아하는 지혜로운 사람의 취향을 나타낸 말이다.

벽송심곡 행자소서(碧松深谷 行者所捿)

행자는 요즘 행자실의 입산 행자님이 아니고 널리 구도의 길을 가는 수행자의 줄인 말이다. 어쩌면 구도의 길을 가는 사람은 출가자와 재가자를 막론하고 영원한 행자인지도 모른다.

옛날 인도 사람들의 풍습은 큰 나무 아래면 어디서나 수행자가 정진하는 것이, 천상의 신들이 마장을 막아주는 안전지대로 여겨서 그렇게 알고 수행을 하였다. 중국에서는 수도자는 산으로 들어가서 도를 이루는 것이 정형화되었다. 왜냐하면, 도(道)를 이루는 일은 세속을 떠난 초속적인 일로 생각하였기 때문이다. 우리 나라 역시 산이라야 도를 닦는 곳이다. 도인과 산은 둘이 아니고 하나라는 생각 때문이다.

그러나 도란 평상심(平常心)이며 일상 어디에도 떠나지 않는다라고 대혜 《서장(書狀)》에서는 말한다. 초심자는 아무래도 일상을 떠난 산중이 수행처로 알맞겠지만, 마지막 회향처는 산중이 아니라는 신념이 필요하다. 부처님을 보면, 살아 생전 탁발로 중생의 삶과 떨어지지 않으신 평범한 일상의 모습이다. 일상을 떠나면 그건 이미 도가 아니고 그 무엇도 아니라는 뜻이다.

기손목과 위기기장(飢殮木果 慰其飢腸)

무엇을 먹을까, 무엇을 입을까, 이런 것을 생각에 두지 않는, 의식주에 매이지 않는 수행자의 자유로운 일면이다. 이와 반대로, 먹고 입고 자는 일로 신경을 써서 반연(攀緣)함은 마치 칡넝쿨이 발목을 걸어오는 것과 같은 것이다.

名言名句

심여 공화사(心如 工畫師)
마음은 그림을 그리는 화가와 같아
화종종 오음(畫種種 五陰)
갖가지 오음(五陰)을 통해 그려낸다.
일체 세간중(一切 世間中)
일체 세상살이(희로애락) 가운데서
무법 이부조(無法 而不造)
조화를 부려 그리지 못하는 것이 없다.
여심 불역이(如心 佛亦爾)
마음처럼 부처도 또한 이와 같으며
여불 중생연(如佛 衆生然)
부처와 같이 중생 역시 그러하다.
심불 급중생(心佛 及衆生)
마음과 부처와 중생
시삼 무차별(是三 無差別)
이 셋은 하나이며 차별이 없다.

― ≪화엄경≫ 야마천궁 보살설계품에서

제4과　助響 ~ 放逸

助響巖穴로 爲念佛堂하고 哀鳴鴨鳥로 爲歡心友니라 拜膝이 如氷이라도 無戀火心하며 餓腸이 如切이라도 無求食念이니라 忽至百年이어늘 云何不學이며 一生이 幾何관대 不修放逸고

소리 울리는 바위굴로 염불당을 삼고, 구슬피 우는 기러기 떼로 마음을 기쁘게 해주는 벗을 삼을지니라. 절하는 무릎이 얼음과 같을지라도 불을 생각하는 마음이 없으며, 굶주린 창자가 끊어질 듯하여도 밥을 구하는 생각이 없을지니라. 홀연히 백년에 이르거늘 어찌하여 배우지 아니하며, 일생이 얼마가 되는데 닦지 않고 게으른고.

조향암혈 위염불당(助響巖穴 爲念佛堂)

석굴 생활이나 토굴 생활의 모습을 머리에 떠올리기가 쉽지 않은데 쩡쩡 울리는 바위굴로 염불당을 삼는 그런 천의무봉(天衣無縫)의 모습이 아주 생생하다.

애명압조 위환심우(哀鳴鴨鳥 爲歡心友)

산중에서 밤늦게 정진하는 시간에 짝할 수 있는 도반은 달빛 속에 문득 밤하늘을 가르고 끼룩 끼루룩 하고 울며 날아가는 기러기 새떼이다. 심산유곡에 몸을 내맡기고 수행에 몰두하고 있는 모습.

배슬여빙 무련화심(拜膝如氷 無戀火心)

무릎이 얼음처럼 차더라도 불을 생각하는 마음이 없다. 조사에 의하면, 사람이 인내력에 한계를 느끼는 것은, 육신의 고통이 아니고 마음의 고통이라고 한다. 추위·더위·배고픔 따위의 육체적인 고통은 오히려 견딜 수가 있지만, 마음속의 미움·성냄·질투 등은 참기 어렵다는 것이다. 《화엄경》의 말씀이 있다. 마음은 그림을 그리는 화가라고 하여 심여공화사(心如工畵師)란 유명한 법문. 작품세계는 그림을 그린 화가에게 전적으로 책임이 있다는 말씀이다.

아장여절 무구식념(餓腸如切 無求食念)

단식의 결과로, 실제로 사람이 곡기(穀氣)를 끊고 견딜 수 있는 기간은 20일에서 30일이다. 그러나 헐떡거리는 마음 때문에 돈이 떨어진 행려병사자(行旅病死者)의 경우는 사나흘 정도로 굶어 쓰러져버린다고 한다. 수행자는 극한상황에서 의지로 허약한 육신을 버티어 낼 수가 있다는 뜻.

일생기하 불수방일(一生幾何 不修放逸)

사람이 일생 동안 누릴 수 있는 시간은 얼마나 될까. 사왕천의 일주야(一晝夜)가 인간 50년. 그러니 기껏 100년이라고 해도 결국은 사왕천의 이틀 간의 삶에 해당한다.

인간 100년, 사왕천의 이틀 동안에 몸과 마음을 수고롭게 해서 얻을 수 있는 것은 무엇인가?

고인은 말하였다. 수행자는 어떤 경우에도 이름을 구하지 않고 이익을 좇지 않는다.

하루살이 일생을 주제로 한 재미있는 우화가 있다. 하루살이는 실제로 하루하고 반나절을 산다고 한다. 아무튼 하루 이틀은 아주 짧은 생애임에 틀림이 없다.

하루살이는 아침나절에 시집가고 장가가고 오후에 환갑잔치를 하고 또 석양이 저물면 장례식장에서 아이고아이고 하고 슬피 우는데 이런 하루살이의 일생을 보면서 매미는 숲 속에서 웃는다. "저것들이 하루 이틀밖에 살지 못하면서 야단들이여! 나는 21일 동안 사는데 말이야!"

매미는 7년 동안 땅 속에서 나무진을 먹고 자라서 매미가 된다. 매미가 사는 기간은 보통 21일 간이라고 한다. 7년 준비에 고작 21일이라! 하루살이에 비하면 대단한 세월이다. 그래서 하루살이를 보고 웃는 것이다. "하루살이야, 무엇이 슬프다고 울어?"

사천왕은 사람의 일생을 보고 말한다. "이틀 간 사는 주제에 탐·진·치 삼독심만 가득 채워가는구먼. 이래저래 업만 짓고 말이지."

훌훌 털어 버리고 전력투구(全力投球)해서 사는 길을 원효 스님은 밝힌다.

이 법문을 읽고 잘 생각해볼 일이다. 단 이틀이다. 남은 생애가 겨우 이틀이라면 우리는 과연 무엇을 할 것인가. 무슨 긴요한 일을 하다가 갈 것인가? 늘 이렇게 이틀 간의 삶을 밀도(密度) 있게 생각해봄직하다.

제5과   離心～喜心

離心中愛를 是名沙門이요 不戀世俗을 是名出家니라 行者羅網은 狗被象皮요 道人戀懷는 蝟入鼠宮이니라 雖有才智나 居邑家者는 諸佛이 是人에 生悲憂心하시고 設無道行이나 住山室者는 衆聖이 是人에 生歡喜心하나니라

마음속에 애욕 떠난 이를 '사문'이라 이름하고, 세속을 생각하지 않는 것을 '출가'라 이름하느니라.

수행자로서 애욕의 그물에 걸림은 개가 코끼리 가죽을 쓴 것과 같고, 도를 닦는 사람이 사랑을 품는 것은 고슴도치가 쥐 굴속에 들어가는 것과 같느니라.

비록 재주와 지혜가 있더라도 마을 집에 머무는 이는, 부처님이 이 사람에게 가여운 마음을 내시고, 설사 도행이 없더라도 산방에 머무는 이는 모든 성중이 이 사람에게 환희심을 내느니라.

이심중애 시명사문(離心中愛 是名沙門)

사문은 마음 가운데 애욕을 떠난 사람이라고 정의한다.

불련세속 시명출가(不戀世俗 是名出家)

출가는 세속을 생각하지 않는 것이라고 정의한다.

사문과 출가의 정신이 늘 살아있기란 쉽지 않다. 작심삼일(作心三日)이란 말처럼 신심이 죽순처럼 하늘로 치솟다가 어느 날 갑자기 의기 소침해져서 기가 꺾이기도 한다. 까닭 없이 우울해지고 때로는 차를 잘못 탔나 하는 깊은 회의에 빠지기도 한다. 이런 일보(一步) 전진 일보(一步) 후퇴가 있을 때에 구참 스님네가 이겨낸 방법이 있기에 소개한다.

명망 높으신 선지식을 친견해서 법문을 듣는다. 선지식이 지시를 내릴 때에는 그 지시에 따라서 참회 정진하는 일이 첫째이고, 3 · 7일 용맹기도를 올리는 일과 적멸보궁을 참배하고 3,000배 절을 하는 일, ≪금강경≫이나 ≪법화경≫ 독경 등으로 폐문(閉門) 정진하는 일 등이 둘째, 셋째이다.

행자라망 구피상피(行者羅網 狗被象皮)

행자는 수행자이고 나망은 애욕의 그물을 말한다. 나망의 해석은 글자 그대로 비단나 자와 그물망 자이지만 뜻은 다르다.

개가 큰 거죽인 코끼리 가죽을 둘러쓴 격이란, 큰 것 속에 작은 것이 푹 뒤집혀 씌워져서 좀체 빠져나올 수가 없다는 뜻이다. 애욕이 구도자의 마음 안에 한 번 자리하면 마치 무에 바람이 든 것처럼 영 버리게 된다는 뜻.

도인련회 위입서궁(道人戀懷 蝟入鼠宮)

도 닦는 사람이 사랑을 품는 것은 고슴도치가 좁은 쥐구멍으로 들어가는 격. 다시는 빠져 나올 기약이 없다는 무서운 법문이다.

제불 시인 생비우심(諸佛 是人 生悲憂心)

모든 부처님께서 이 사람에게 가여운 마음을 내시고 마을 집에 머물면 누세 겁 동안 익혀온 짝짓기 법을 배우기가 쉽다, 잘못해서 환속하기 쉽다는 말. 그리하여 부처님께서는 수행자가 마을 집에 머무는 것을 걱정한다. 청량(淸凉) 국사가 세운 열 가지 원 가운데에는, 속가에서 하룻밤도 머물지 않고 삼보의 도량에서 머물겠다는 결의가 있다.

중성 시인 생환희심(衆聖 是人 生歡喜心)

모든 성중이, 불보살님이, 이 사람에게 환희심을 내신다. 기초 수행자 입장에서 일단은 산문에 들어와 정진을 하는 것이 바람직하다. 이런 발심 수행자가, 몸이 아프다는 핑계로 속가에 가서 쉰다거나, 세속 학문을 한다는 등등의 이유로 엉뚱하게 마을 집에 내려가서 지내는 일을 경계한다. 다른 한편으로, 출가자와 재가자의 구별로써, 재가자로 지내는 것을 부처님이 가여워하신다는 해석이 가능하다. 어서 출가하라는 뜻. 출가자가 도행은 그리 크지 않았어도 환희심을 내신다. 왜냐하면, 육신은 어버이가 낳아준 것이지만, 정신은 큰 스승을 통해 태어나는 것이기 때문이다. 새로운 탄생, 법신(法身) 탄생은 이런 경우를 두고 하는 말이다. 어서 산사에 출가해서 도 닦는 어진 도반들과 정진하기를 권장한다.

제6과　雖有～作飯

雖有才學이나 無戒行者는 如寶所導而不起行이요
雖有勤行이나 無智慧者는 欲往東方而向西行이니라
有智人의 所行은 蒸米作飯이요 無智人의 所行은 蒸
沙作飯이니라

비록 재주와 배움이 있으나 계행이 없는 이는, 보배 있는 곳
으로 인도하나 일어나 가려고 하지 않는 것과 같고, 비록 부
지런한 행이 있으나 지혜가 없는 이는, 동쪽으로 가고자 하면
서 서쪽을 향해 가는 것과 같느니라.
　지혜가 있는 사람의 소행은 쌀을 쪄서 밥을 짓는 것과 같고,
지혜가 없는 사람의 소행은 모래를 쪄서 밥을 짓는 것과 같느
니라.

수유재학 무계행자(雖有才學 無戒行者)

비록 재주와 배움이 있으나 계행이 없는 사람.
　계와 율은 혼용해서 쓰면서도 다음과 같이 구별하기도 한다. 계
(戒)는 범어 시라(尸羅, Śīla)로써, 소극적인 뜻으로는 심신의 허물
을 막고 악을 그치게 한다는 방비지악(防非止惡)이고, 적극적인 뜻

으로는 만선발생(萬善發生)이다.

대승율의장에서는 말한다. "시라는 청량(淸凉)의 이름이다. 삼업(三業)의 뜨거운 불길은 수행인과 선행을 모조리 불태워버린다. 계는 이런 불길을 잡아서 시원하게 끄기 때문에 청량이라고 이름한다." 영락본업경에서는 말한다. "처음 삼보의 바다에 들어서는 중생들은 먼저 신심이 근본이다. 그런 후에 불가(佛家)에서 수행하고 지낼 때에는 계가 근본이다."

형식은 제1, 제2, 제3 등 번호를 매겨서, 무엇무엇을 하지 말라, 하는 금계이다. 예를 들면, 율의 삼취정계, 재가 5계, 재가 8관재, 사미 10계, 범망경 보살 10중 48경계, 비구 250계, 비구니 348계 등이 있다.

율(律)은 우파라차(優婆羅叉, Uparksa)의 번역이며, 비니(毘尼, Vinaya, 신역으로는 비나야毘奈耶)의 의역. 비니의 직역은 멸(滅), 혹은 조복(調伏)이다. 율은 행위규범이다.

율의 해석에는 두 가지가 있다. 첫째, 취교론(就敎論)으로 죄의 경중과 범하고 범하지 않음을 말한다. 둘째, 비니의 취행변(就行辯)으로 악심(惡心) 조복(調伏)이다.

계(戒)는 실천을 하지 않으면 안 되기 때문에 계행(戒行)이며, 율호(律虎)는 계율의 행이 맹렬한 호랑이보다 용맹스럽다는 데서 나온 말이다.

여보소도 이불기행(如寶所導 而不起行)

보배가 있는 곳으로 인도하나 일어나 가려고 하지 않는 것과 같다.

계정혜(戒定慧) 삼학(三學)은 하나이면서 셋이다. 먼저 계를 잘

지킴으로 해서 마음이 고요해지고, 고요해지면 선정삼매에 들어서
마음이 밝아지며, 밝아지면 반야 지혜로 정각을 성취한다.

수유근행 무지혜자(雖有勤行 無智慧者)

지혜가 없이 몸과 마음을 수고롭게 하는 사람, 이런 어리석은 사
람은 애를 많이 쓰는 반면 실제로는 효과가 전혀 없다는 말이다.

성불이라는 목표 설정을 잘하여 지혜롭게 한 걸음 한 걸음 나아
간다는 뜻.

유지인 소행 증미작반(有智人 所行 蒸米作飯)

지혜가 있는 사람의 소행은 쌀을 쪄서 밥을 짓는 것과 같다. 이
말은 가장 알기 쉬운 비유이지만, 너무 쉬워서 오히려 실천이 잘
안 된다. 과연 쌀로 밥을 짓는 사람은 얼마나 될까. 저마다 제 잘난
멋에 똑똑한 체 하지만 성인의 눈으로 보면, 대부분이 모래로 밥을
짓는 중생들이다.

상근기는 60일, 중근기와 하근기는 90일에서 120일이면 불도를
성취한다는 게 선지식의 의견이다. 우리가 하고많은 세월 동안 공
부를 한다고 하지만 목적달성을 이루지 못하고 있는데, 이 이유가
무엇인지 한번 돌아볼 필요가 있지 않을까.

제7과 共知~恥乎

共知喫食而慰飢腸하되 不知學法而改癡心이니라
行智具備는 如車二輪이요 自利利他는 如鳥兩翼이니라
得粥祝願하되 不解其意하면 亦不檀越에 應羞恥乎며

밥을 먹어서 주린 창자를 위로할 줄은 널리 알면서도, 불법을 배워 어리석은 마음을 고칠 줄은 알지 못하는구나! 실행과 지혜가 갖추어짐은 수레의 두 바퀴와 같고, 나도 이롭고 남도 이롭게 하면 새의 양쪽 날개와 같느니라. 죽을 얻어 축원하되 그 뜻을 알지 못하면, 또한 시주에게 마땅히 수치가 아니며,

공지끽식 이위기장(共知喫食 而慰飢腸)

무상대도(無上大道)를 이루기 위해서는 많은 배움이 필요한 게 아니고 제 이름 석자만 쓸 줄 알면 된다는 단순한 가르침이 있다. 원효 스님의 표현을 빌리면, 배고프면 밥을 찾아 먹는 사람이면 된다는 참으로 간명한 말씀이다. 세존 재세시 주리반득(周利槃得, Cūdapanthaka) 형제의 일화가 있다.

부모가 여행 중에 아들을 낳을 곳은 길가였다. 그래서 이 아이의 이름은 길이란 뜻으로 반득이라고 지었다. 다음에 둘째 아들을 낳

을 때에도 길가에서였다. 역시나 이 아이의 이름은 작은 길이란 뜻
으로 주리반득이라고 지었다.

주리반득은 제 형 주리와는 달리 기억력이 나빠서 돌아서면 잊어
먹고 돌아서면 잊어먹고 했다. 넉 달 동안 시 구절 하나를 기억하
지 못하였다. 형을 뒤쫓아서 출가는 하였으나 정말 기가 막힐 노릇
이었다. 이때 출가 수도를 단념하려고 마음을 먹고 있었는데 부처
님이 쓸고 닦자, 쓸고 닦자 하는 것으로 공부를 삼게 하셨다.

먼지를 털면서 쓸고 닦자, 쓸고 닦자, 하고 수심(修心) 공부를 한
것이다. 마당을 쓸면서도 그랬다. 마루를 닦으면서도 그랬다.

주리반득이 우직스럽게, 쓸고 닦자 하는 수심(修心) 공부를 잘하
여 무상대도를 성취하였을 때였다. 어느 날 비구니 아란야에서 부
처님께 법문을 청하는 일이 있을 때에, 부처님은 그를 대신 보냈을
정도로 당당한 스승 아라한이 되었다.

부지학법 이개치심(不知學法 而改癡心)

수년 전 교도소 안의 한 수형자(受刑者)의 경우이다. 그가 교도소
창틀 밖으로 빠져 나오기 위해서 자기 체중을 30킬로나 빼야 했다.
어린이 체중으로 감량을 해야 하였으니 이건 살인에 가까운 감량이
었다. 이 실화는 잘못된 경우이긴 하나 배울 만한 것이 하나가 있
다. 수형자(受刑者)의 확고한 목적의식이다. 체중이 10킬로 줄고
20킬로 줄어서 힘이 다 빠져도 체중감량 운동은 계속했다. 밖으로
나가면 광명의 세계다, 자유의 세계다, 하는 일념! 그는 자기 체중
의 반에 가까운 감량에서도 견디어냈다. 체중은 피골이 상접하리
만큼 줄었다. 그리하여 좁은 창틀 사이로 성공적으로 탈출을 하였

던 것이다. 나중에 다시 붙잡히기는 하였지만 시사하는 바는 크다.

행지구비 여거이륜(行智具備 如車二輪)

지혜의 상징인 문수 보살과 실행의 상징인 보현 보살, 이(理)와 사(事), 앎과 행은 수레의 두 바퀴처럼 한 짝이라는 뜻.

자리리타 여조양익(自利利他 如鳥兩翼)

대승 보살의 이상이다. ≪승만경≫에 따르면, 제 수행 시간을 따로 갖지 않고 남의 수행을 돕는 입장에서 살다보면 오히려 자기의 참 수행이 된다고 한다.

득식축원 불해기의 역불단월 응수취호(得粥祝願 不解其意 亦不檀越 應羞恥乎)

아침에 죽을 먹는 것은 선가(禪家)의 풍습이라고 해서 마을에서도 요즘은 선식(禪食)이라고 이름한다. 죽을 먹으면 열 가지 이익이 있다. 요약하면 심신의 건강에 다 좋다는 말이다.

단월(檀越, Dānapati)은 보시를 행하는 사람, 시주(施主)·시주자(施主者)를 말한다. 어떤 대가를 전혀 바라지 않고 남에게 준다는 범어 Dana는 단(檀)·단나(檀那)·타나(陀那) 또는 단월(檀越, Dānapati)이라고 번역한다.

탁발 제도가 지금은 사라졌지만 거리에 나가 탁발해서 공양물을 해결한다면 수행인의 자세에는 큰 변화가 있을 것이다. 왜냐하면 탁발을 할 때만이라도 진지하게 겸손한 마음을 배워 시주 은혜를 더 생각할 수가 있기 때문이다.

제8과 得食~翔空

得食唱唄하되 不達其趣하면 亦不賢聖에 應慚 愧乎
아 人惡尾蟲이 不辨淨穢ㄴ달 하야 聖憎沙門이 不辨淨
穢니라 棄世間喧하고 乘空天上은 戒爲善梯니 是故로
破戒하고 爲他福田은 如折翼鳥-負龜翔空이라

밥을 얻어 범패하되 그 취지에 미치지 못하면, 또한 성현에
게 마땅히 부끄러움이 아니랴. 사람들이 구더기가 깨끗함과
더러움을 가리지 못함을 미워하듯이, 성인은 사문이 깨끗함
과 더러움을 가리지 못함을 미워하느니라. 세간의 시끄러움
을 버리고 천상을 올라가는 데는, 계가 좋은 사다리가 되니,
이런 까닭으로 파계하고 남의 복 밭이 됨은, 날개가 꺾인 새
가 거북을 등에 지고 공중에 날려는 것과 같느니라.

득식창패 불달기취(得食唱唄 不達其趣)

밥을 얻어 범패하되 그 취지에 미치지 못하면.

자칫 타성에 빠지면 다만 습관적으로 오관게(五觀偈) 등 소심경
(小心經) 식단 작법을 따라서 하게 된다. 매일 새롭게 자신을 추슬
러 일으켜 세우고 삼보의 은혜와 시주의 은혜, 중생의 은혜 등을

생각한다는 뜻.

범패(梵唄)의 뜻을 여러 글의 해설에서 옮겨본다.

범패(梵唄)의 범은 범천(梵天)이며, 범패의 패는 범어 패닉에서 온 말로, 뜻은 찬송(讚頌) 또는 찬탄(讚歎)이다. 보통 경을 읽으면서 소리를 길게 뽑는 범영(梵詠)과 게송을 읊는 가영(歌詠) 등이 범패이다.

불교의 문화유산을 생활 속에서 손꼽는다면, 우선 다도(茶道)·불교 미술·불교 음악 등이 될 것인데 범패는 불교 음악의 한 장르이다.

범패의 내력은 부처님의 재세시까지 거슬러 올라간다. 부처님이 대각을 성취하셨을 때의 일이다. 그때에 선열(禪悅)에 잠긴 부처님의 장엄한 모습을 불전에서는 이렇게 묘사한다.

'대지(大地)가 18종으로 진동할 때에 하늘에서는 꽃비가 내리고(天雨妙花) 하늘에서 미묘한 음악이 연주되었다(天奏妙樂).'

이와 같이 천용팔부(天龍八部)의 제신(諸神)들이 부처님께 꽃 공양과 음성 공양을 올렸다는 내용이다. 이 음성 공양이 바로 불교 음악 범패의 시초이다.

뒷날 역대 대덕 스님네는 청아한 범성으로 음률을 넣어 게송(偈頌) 등을 읊었다. 이것은 종교의 테두리 안에서 예술의 꽃이 핀 한 예이다.

범패는 민속 음악과 어울리며 발전하면서 세속 일반인과 친밀해졌다.

범패의 전래는 삼국시대. 불교의 전래와 자리를 같이해온 범패는 예불송(禮佛頌)이 바로 범패이다. 구도자의 서원을 담은 음성 공양이기 때문이다.

지금도 서양에서는 불교의 예불송을 하나의 음악으로 간주한다. 어느 해에 열린 이탈리아 세계 음악제에서는 아예 예불송이 세계 음악 프로그램 속에 들어 있을 정도였다.

한편, 경전에서는 노래하고 춤을 추는 일, 가무(歌舞)를 금하고 있다.

≪장아함경(長阿含經)≫ 제팔 선생경(善生經)에는 이렇게 말한다.

장자(長者)의 아들 선생(善生)에게, 여섯 가지로 재물에 손해 가는 업(業)이 있는데 그 중에 기악(伎樂)과 가무(歌舞)에 빠지는 일이라고 하였다.

율부(律部)에서는 비구(남자 출가자), 비구니(여자 출가자)는 물론 우파새(남자 신도), 우파이(여자 신도)에 이르기까지 음악을 금하고 있다.

그럼, 범패는 해도 괜찮은가? 이것은 어디에 근거를 두고 있을까.

≪법원주림(法苑珠林 第36 唄讚篇 音樂部)≫에서는 말한다.

부처님 재세시에 사위성의 사람들은 스스로 장엄한 범패를 지어 부처님께 음성 공양을 하였다는 내용이다. 부처님은 이 공덕으로 미래 일백 겁 중에 악도(惡道)에 빠지는 일이 없을 것이라고 하였다.

불교 음악은 불보살(佛菩薩)의 공덕을 찬탄하는 음성 공양이다.

범패의 역사의 기원에 대해서 영산회상(靈山會上)설과 묘음보살(妙音菩薩)의 음악 공양설, 자건(子建)의 창작설 등이 있다. 여기에 대한 자세한 설명은 지면 관계로 생략한다.

범패의 기능은 두 가지가 있다.

첫째, 찬불(讚佛)·찬탄(讚嘆)·발원(發願)이다. 범패는 청아(淸雅)한 음율을 통하여 스스로 환희심(歡喜心)을 일으키기 때문에 자기 수행의 뜻이 있다.

둘째, 불보살 명호를 낭송(郎誦) 예경(禮敬)할 때에 장엄한 형식을 갖추어서, 보고 듣는 사람들이 환희심을 내기 때문에 이웃 교화의 뜻이 있다.

名言名句

진시 심중화(嗔是 心中火) 화는 마음의 불길
소진 공덕림(燒盡 功德林) 공덕의 숲을 다 태운다
욕행 보살도(欲行 菩薩道) 만약 보살도를 수행하려고 한다면
인욕 호진심(忍辱 護眞心) 먼저 자성 참마음을 보호하라
(林, 心이 韻)
아견 세간인(我見 世間人) 내가 본 세간 사람
세이 환부사(世而 還復死) 세간에서 살다가 또다시 죽을 뿐
작조 유이팔(昨朝 猶二八) 어제까지 아침에 이팔 청춘 젊은이
장기 흉금사(壯氣 胸襟士) 혈기가 장한 모습이 흉금에서 넘쳤지.

—한산(寒山) 스님의 법문

제9과　自罪~欲樂

自罪를 未脫하면 他罪를 不贖이니라 然하니 豈無戒行하고 受他供給이리요 無行空身은 養無利益이요 無常浮命은 愛惜不保니라 望龍象德하야 能忍長苦하고 期獅子座하야 永背欲樂이니라

자기의 죄를 벗지 못하면 남의 죄를 풀어주지 못하느니라. 그러하니 계행이 없고서 다른 이의 공양을 어찌 받겠는가.

행이 없는 헛된 몸은 길러도 이익이 없고, 무상한 뜬 목숨은 사랑하여 아껴도 보존하지 못하느니라.

용상의 덕을 우러르며 능히 긴 고통을 참고, 사자의 법좌를 기약하여 길이 욕락을 등질지니라.

자죄미탈 타죄불속(自罪未脫 他罪不贖)

지은 죄를 진정 참회하지 못한 사람은 다른 사람의 죄를 참회하도록 하여 그 죄를 덜어줄 수가 없다는 뜻. 자기 문제 해결이 안 된 사람이 어찌 다른 사람의 문제를 해결해 줄 수가 있느냐 하는 말이다.

기무계행 수타공급(豈無戒行 受他供給)

어찌 계행이 없이 다른 사람이 준 공양(供養)을 소화시키겠느냐. 도적은 따로 없고, 수행이 없이 시주의 공양을 녹여 먹는 것이 큰 도적이라는 말이니 무서운 경책이다.

계행과 관련하여 포살과 사원 청규 등 두 가지 문제를 생각한다.

첫째, 우리 한국 승가의 지계(持戒) 회복을 위한 방안으로, 보름마다 포살(布薩)을 실시하는 일이다. 계율에 대한 인식이 높아가고 있는 오늘날, 무엇보다 먼저 불제자 모두가 포살에 동참하도록 하는 일이다.

부처님 재세시부터 전해 내려오는 포살은 수계자가 한자리에 모여서 계율을 낭송하고 참회하고 그 처리를 법다이 하는 법석이다.

비구계(혹은 비구니계) 포살은 비구계(혹은 비구니계) 수지자(受持者)만 따로 모여서 한다. 오대 총림에서는 결제 석 달 동안 실시하고 있다. 그 외 사찰에서는 한 곳도 있고 하지 않는 곳도 있다. 새로운 문제 제기로써 지계 정신을 새로 가다듬기 위해서는 포살이 꼭 필요하다.

초기불교에서 포살이 불자들에게 해야 할 것과 하지 말아야 할 것의 윤리 의식을 심어주는 좋은 법회였다. 불자 생활의 근본은 계율의 실천이다.

둘째, ≪계초심학인문≫이나 백장청규 같은 사원 청규(淸規)의 발달을 가져와, 젊은 새 세대의 불제자들에게 활기를 불어넣어주는 일이다.

사장(死藏)된 계율이 많은데 언제까지 이대로 둘 것인지 모른다. 사장된 계율은 이미 시대가 지나고 환경이 크게 바뀌어져서 실제 실천이 불가능한 계율이다. 계율의 개폐는 오직 제정권자인 부처님의 권한이다. 그렇기 때문에 사원 청규를 제정하여 정리가 될 부분은 정리되어야 할 것이다.

사원 청규의 제정은 한국 불교가 안고 있는 과제의 하나이다. 부처님의 근본 정신은 다치지 않고 오히려 이를 보다 잘 살려내기 위해서 필요하며, 이것은 바로 앞서가는 시대의 안목을 의미한다.

무행공신 양무이익(無行空身 養無利益)

헛되이 수행이 없는 헛된 몸뚱이를 길러도 이익 될 게 하나도 없다, 한갓 몸만 살찌우는 노릇이다라는 뜻.

망용상덕 능인장고(望龍象德 能忍長苦)

용상은 용상대덕으로, 큰스님이다. 코끼리는 땅 위 동물 가운데서 가장 몸집이 크고 힘이 세며, 신통 조화를 부리는 용은 불가사의한 십길상(十吉祥) 중의 으뜸으로, 비유하자면, 도가 높고 덕이 있는 스님네를 말한다. 용상대덕은 전법(傳法)하여 중생 제도에 힘쓰신 조사이다. 수행의 길에서 이와 같이 목표 설정을 분명히 한다.

가사정대 경진겁(假使頂戴 經塵劫)

삼보를 머리에 이고 오랜 세월 보내고

신위상좌 변삼천(身爲床座 遍三千)

몸은 의자가 되어 삼천 세계를 모셔도

약불전법 도중생(若不傳法 度衆生)

전법을 하지 못하여 중생을 제도하지 못하면

필경무능 보은자(畢竟無能 報恩者)

필경에 부처님 은혜 갚지 못한 불자네

어려울 때에는 선대의 용상대덕을 생각하고 고통을 참는데, 백인당(百忍堂)의 뜻과 같이 하루에도 일백 번씩 참는다. 그래서 인욕 바라밀을 보시 바라밀과 함께 으뜸으로 쳤다.

名言名句

한산(寒山) 스님은 당나라 때 천태 시풍현 한암 깊은 골에서 오래 지낸 까닭에 한산이라고 하였다.

어느 때 한암에서, 지방 고급관리인 자사 여구윤 거사가 공양을 올리는 자리였다.

몇몇 사람들과 함께 약·음식·옷 등 공양물을 챙겨서 깊은 산중에 찾아 들었을 때, 한산 스님은 강도 높은 출가 기상의 사자후로써 매우 이례적인 태도를 취하였다.

여 거사가 공양물을 여법하게 올리고 절을 하였을 때에, 한산 스님은 지극히 담담해 하였다. 어쩌면 물건을 받은 사람은 몸으로 감격하고 안절부절 몸둘 바를 모르면서, 입으로는 극구 공양의 공덕을 찬탄했을 것이다. 더구나 주위 이목과 자사의 체면을 생각해서 공덕무량(功德無量)이란 말이 떨어질 법한 자리이다.

그러나 한산 스님은 여 거사를 향해 이렇게 법문을 내렸다.

"도적놈아, 도적놈아, 이 도적놈아!"

하고 크게 소리치고는 굴 속으로 숨어버렸다. 이것이 마지막 자취였다.

정말 정신이 번쩍 깨어나게 한 사자후(獅子吼)이다.

도적놈의 의미는 무슨 뜻일까? 말을 돌려서 은근한 표현법을 쓰지 않았다. 숨긴 바가 전혀 없이 있는 그대로 드러냈다. 그래서 힘이 있다.

삼계를 생사 윤회하는 중생은 마음 도적놈!

제10과　行者~所笑

行者心淨하면 諸天이 共讚하고 道人이 戀色하면 善神이 捨離하나니라 四大-忽散이라 不保久住니 今日夕矣라 頗行朝哉ㄴ저 世樂이 後苦어늘 何貪着哉며 一忍이 長樂이어늘 何不修哉리요 道人貪은 是行者羞恥요 出家富는 是君子所笑니라

수행자의 마음이 깨끗하면 모든 하늘 신이 한가지로 찬탄하고, 도를 닦는 이가 여색을 생각하면 착한 신장들이 버리고 떠나느니라. 사대는 홀연 흩어지는 것이라, 오래 살기를 보증할 수 없나니, 오늘도 벌써 저녁이라, 자못 아침부터 행할 것이니라.

세상의 향락은 후에 곧 괴로움이거늘 어찌 탐착하며, 한번만 참으면 길이 즐거웁거늘 어찌 닦지 않으랴? 도인의 탐욕은 수행자의 수치요, 출가인의 부귀는 군자의 웃음거리니라.

도인련색 선신사리(道人戀色 善神捨離)

도인은 수도인의 줄인 말. 수도하는 사람이 여자를 생각하면 선

신, 착한 외호신이 버려서 떠난다는 뜻. 신(神)은 외부의 것이 아
닌, 수도인 마음속 갈등의 표현이다.

부처님이 보리수 아래서 대각을 성취하실 무렵의 일이다. 자재천
의 천상신(天上神)이 나타나서, 마군(魔軍)을 보내는데 부처님은 장
부의 큰 힘으로 마군 넷을 모두 항복 받고 안심입명(安心立命)처에
들었다. 이런 연유로, 부처님의 덕호(德號)에 대웅(大雄)이란 말을
쓴다.

첫째 번뇌마(煩惱魔)는, 탐욕 등 번뇌가 우리 마음을 어지럽히기
때문에 마라고 한다.

둘째 음마(陰魔)는, 5중마라고도 한다. 색·수·상·행·식 오음
이 여러 가지 고통을 불러오기 때문에 마라고 한다.

셋째 사마(死魔)는, 죽음은 사람의 목숨을 빼앗아 가기 때문에 마
라고 한다.

넷째 천자마(天子魔)는, 자재천마라고도 한다. 욕계 제 6천인 타
화자재천이 좋은 일을 방해하기 때문에 마라고 한다.

여색에 대한 욕망을 이겨내는 방편으로, 도선(道宣) 율사가 지은
정심계관법(淨心誡觀法)이 있다. 여자의 열 가지 악(惡)을 간추려
정리하면 다음과 같다. 여기서 여자라는 말은 모든 여자가 다 그렇
다는 말이 아니다. 윤회 해탈에는 관심이 없는 여자, 지성과 감성,
의지 등 인격자로서 갖추어야 할 세 가지 덕목이 빠진 여자이다.

첫째 악은, 음심(淫心)이다. 여자는 60살 먹어도 여자란 말이 있
다. 경전에서, '여자가 있는 곳에 지옥이 있다' 라고 하였다. 여자의
큰 욕망은 마치 바다가 강물을 한 입에 삼키는 것과 같다, 라고 표
현한다.

둘째 악은, 독사와 같은 강한 질투심이다.

셋째 악은, 여러 가지로 나쁜 일을 꾸미다가도 언제 그랬더냐 싶게 변신(變身)하여 아양을 떠는 것이다.

넷째 악은, 사람을 사귈 때에는 누구하고는 친하고 누구하고는 멀다 하는 식의 친소(親疏)를 가리는데, 이 과보로 다음 생에는 축생·아귀로 태어나는 것을 두려워하지 않는 것이다.

다섯째 악은, 구업(口業)이다. 서로 이간질을 하고, 시기 질투를 하면서도 과보는 두려워하지 않는 것이다. 또 보지 않는 곳에서는 웃어른을 욕한다. 시비로 재판을 하여 끝까지 싸우는 것을 일러 옛사람은 여자들의 말에는 악업(惡業)이 많다, 라고 하였다.

여섯째 악은, 배반이다. 남편이 보지 않는 곳에서는 먹고 마시고 지내다가 남편 앞에서는 아프다는 핑계로 변신(變身)하여 먹지 않는다. 또 남편에게 성을 내어 포악하게 대드는 것을 일러 옛사람은, 남편을 배반한다, 라고 하였다.

일곱째 악은, 몰래 일을 꾸며서 뒤통수를 치는 나쁜 마음이다. 비록 대면하여 함께 말은 나누어도 여자 마음은 천리 밖에 나가 있다. 여자의 말은 비단결같이 부드러우나 마음은 칼날과 같이 날카롭다.

여덟째 악은, 재물을 탐하는 데에 있어서는 은의(恩義)를 돌아보지 않는 것이다.

아홉째 악은, 욕망의 불꽃이다. 여자 욕망의 불꽃은 대단해서 만겁이 지나도 잘 없어지지 않기 때문에 옛사람은, 욕화로 심신을 태운다, 라고 하였다.

열째 악은, 악취가 나는 더러운 몸에서는 나쁜 물이 항상 흐르는

것이다. 특히 갓난아이가 자궁(子宮)에서 떨어져 나와서 비린내가
몹시 나는 산실 안과, 낭자하게 흐트러진 여자의 몰골을 본 옛사람
은, 선신(善神)은 보기만 해도 모두 기겁해서 달아나고, 악귀(惡鬼)
와 도깨비들이 득실댄다, 라고 하였다. 수도인은 하루 중에도 몇
차례씩 살펴 볼 일이다.

名言名句

목무소견 무분별(目無所見 無分別)
눈은, 보는 바 없어 분별심을 여의었고
이청무음 절시비(耳聽無音 絕是非)
귀는, 듣는 바 없어 시비심을 끊었네
시비분별 도방하(是非分別 都放下)
시비 분별 모두를 놓아 버리고
단간심불 자귀의(但看心佛 自歸依)
다만 마음 부처를 보아 제 주인공에게 귀의할지니라.
(非, 依가 韻)

부설 거사(浮雪居士) 법문. 어려서 토함산(吐含山) 불국사(佛國寺)에
출가한 이후, 도반들과 함께 토굴 묘적암(妙寂庵)을 지어 10년 동안 열심
히 공부를 한 바가 있었다.

안거를 마치고 오대산 보궁 참배를 나설 때였다. 경상도 구무원(仇無
冤) 거사의 집에서 폭풍우를 피해 하룻밤을 머문 적이 있었다. 이때 놀라
운 일이 벌어졌다. 묘령의 딸 묘화(妙花)가 농아자(聾啞者)에서 정상인으
로 되었다. 그 인연으로 환속하였다. 살림을 하면서 낳은 아들 이름은 등
운(騰雲)이고, 딸 이름은 월명(月明)이다. 가족 네 사람이 모두 깨친 것으
로 유명하다.

제11과　遮言～日少

遮言이 不盡이어늘 貪着不已하며 第二無盡이어늘 不斷愛着하며 此事無限이어늘 世事不捨하며 彼謀無際어늘 絶心不起로다 今日不盡이어늘 造惡日多하며 明日無盡이어늘 作善日少하며

‘이 말’이 다하지 않건만 탐착을 그치지 아니하며, ‘이 다음’이 다함이 없건만 애착을 끊지 아니하며, ‘이 일’이 한정 없건만 세상일을 버리지 아니하며, ‘저 모책’이 끝이 없건만 끊을 마음 일으키지 아니하는구나.

‘오늘’이 다하지 않건만 악을 지음이 날로 많아지며, ‘내일’이 다함이 없건만 선을 지음이 날로 적으며,

차언부진 탐착불이(遮言不盡 貪着不已)

결단력이 부족하여 우유부단한 사람은 할 일을 차일피일 미룬다. 다음에 하지, 다음에 해, 하는 식으로, 다음, 다음, 하다가 끝장난다. 늦잠을 잘 때, 방 청소를 미룰 때, 빌린 물건을 돌려 줄 때, 밀린 빨래가 있을 때, 읽을 책이 있을 때 등등. 신뢰가 떨어지고 주위 사람이 싫어해도 게으름에는 하는 수가 없다.

피모무제 절심불기(彼謀無際 絶心不起)

이렇게 허투루 세월 보내기가 끝이 없이 하는 데도 끊을 마음을 내지 않는다.

옛날 청 화원(靑畵員)이란 단청(丹靑)장이 스님이 한 분 있었는데, 그가 홀연 죽음을 맞게 되었다. 출가는 하였으나 수행은 뒷전에 두고 단청 일에만 매달리다가 일을 당한 것이다. 단청 일과 수행이 둘이 아니라는 탁견(卓見)도 없었다. 어느 날 밤이었다. 꿈속에서 일직사자와 월직사자가 나타나더니,

"너를 지금, 명부세계로 데려 가야겠다."

하는 것이었다. 청 화원은 무조건 애걸복걸하며,

"앞으로 꼭 7일 간만 기다려 주시오."

하고 청하였다. 이때 사자들은 청 화원의 청을 들어주었다. 청 화원이 악몽 같은 꿈에서 깨어났을 때에는 등골에 식은땀이 착 배어 있었다. 정신을 차리고 곰곰이 생각해보니 장난이 아니었다. 노력해오고 애쓴 일들이 허무하고 공허할 뿐, 죽음 앞에서는 다 쓸데없는 일이었다.

청 화원은 이제 딴사람이 되었다. 심기일전으로 목욕재계를 하였다. '다음, 다음' 하고 미뤄오던 참선이 아닌가. 청 화원은 7일간을 기한하고 입산 당시의 행자가 된 기분으로 좌복(坐服) 위에 앉았다. 그러던 어느 날이었다. 옆방에서 스님들이 나누는 법문이, 좌선 중인 청 화원의 귓전에 솔깃 들려 왔다. 내용은 옛날 방 거사와 그의 따님 영조와의 법담(法談)이었다.

"부녀로, 방 거사와 영조란 따님은 다 도인이셨지. 하루는 낮 시간에 방 거사가 큰절에 가서 한 선사와 나눈 이야기 내용을 따님

영조에게 들려주었을 때였어. '불법의 대의는 무엇입니까?' 하는 질문에 한 선사가 이렇게 대답을 하였지.

> 명명 백초두(明明百草頭) 명명백백한 백초의 풀마다
> 명명 조사의(明明祖師意) 명명백백한 조사의 뜻

이 말을 아버지 방 거사가 하기가 무섭게 따님 영조가 즉석에서 욕설을 하였어. '소위 머리가 희고, 이빨이 누렁이가 된, 늙은이란 작자의 소견이 고작 이 정도 수준인가요?' 하고 막 책망을 해대는 거야. 이때 방 거사가 말을 잇는다. '그럼 너는?' 순간 따님 영조가 천연스럽게 읊는다. '명명 백초두(明明百草頭) 명명 조사의(明明祖師意)' 방 거사는 따님의 공부를 이렇게 인정한다. '그렇구나.' 여기까지가 '명명 백초두' 법문 일화인데, 수좌들이 이 법문을 잘 기억한다면, 염라대왕이 합장을 하고 두 무릎을 꿇는다는 거여."

청 화원은 여기서 감동을 받았다.

'염라대왕이 무릎을 꿇는다?'

이때부터 맹렬한 마음으로 화두에 크게 의심을 내었다.

"왜, 영조는 그때 '명명 백초두 명명 조사의' 라고 했을까?"

7일 낮 7일 밤이 다 찬 어느 날이었다. 저승사자가 청 화원을 데리러 왔을 때였다. 청 화원의 방안은 텅 비어 있었다. '명명 백초두' 화두를 들어서 깊은 선정 삼매에 든 청 화원의 모습은 공(空)하여 끝내 찾아 볼 수가 없었기 때문이다.

제12과 今年~死門

今年不盡이어늘 無限煩惱하며 來年無盡이어늘 不進菩提로다 時時移移하야 速經日夜하며 日日移移하야 速經月晦하며 月月移移하야 忽來年至하며 年年移移하야 暫到死門하나니

'금년'이 다함이 않건만 한없이 번뇌하며, '내년'이 다함이 없건만 보리에 나아가지 않는다. 시간시간이 흘러가서 속히 밤낮이 지나며, 하루하루 흘러가서 속히 한달 그믐이 지나며, 다달이 흘러가서 홀연 내년이 닥치며, 연년이 흘러가서 잠시 사이 죽음의 문에 이르나니,

연년리리 잠도사문(年年移移 暫到死門)

이상하게 들릴지 모르나 우리는 모두 예비 사형수이다. 짧게 보면 며칠이고 길게 보면 몇 년, 몇 십 년 후에 반드시 죽는 예비 사형수가 아닌가. 또 우리는 불치병의 환자이다. 불치병의 병명은 윤회의 업병(業病)이다. 태어날 때 이미 우리는 업으로 왔고 다음 세상에 갈 때도 업으로 가기 때문이다.

황벽(黃蘗) 스님의 화두에 대한 간절한 법문이 있다.

　황벽 스님은 백장 스님의 법을 이었고 뒷날 임제 스님에게 법을 전하였다.

　만약 화두(話頭)를 철저하게 타파를 하지 못하면, 죽음의 문턱인 납월 30일에 이르러서, 급해서 불같이 날뛰는 사람이 될 것이다. 어떤 외도가 있었다. 화두 참선을 하는 사람을 잠깐 보고 냉소를 띠며 말한다.

　"시대가 어느 땐데, 아직도 저러고 있소?"

　그렇다면, 산승이 여러분에게 묻겠다.

　"홀연 임종할 때를 당해서, 여러분은 무엇으로 생사를 대적하겠소?"

　한가로운 때에 미리 준비를 해 놓은 사람은 위급한 때에 그 힘을 쓸 것이다. 이래야 힘을 줄인다. 목이 말라서야 그때에 가서 우물을 파는 일은 하지 말라. 손발을 쓸래야 쓸 수가 없어 앞길이 망망하다. 천방지축 마구 닥치는 대로 뚫고 손발 가는 대로 부딪치나 죽도록 고생만 하니, "아이고, 괴롭고 괴롭다"할 뿐이다.

　평일에 참 수행과 속내용은 없이, 선(禪)을 입으로만 배우는 구두선(口頭禪) 삼매(三昧) 무리들이 있다. 그들은 선(禪)을 이야기하고 도(道)를 이야기하고, 혹은 부처와 조사를 꾸짖으며 호통을 치기도 하지만, 죽음이 닥쳐 왔을 때에는 아무런 힘이 없는 사람들이다. 남을 속여 왔어도 어떻게 지금 이 순간 죽음 앞에서 자기를 속일 수가 있느냐?

　여러 형제 도반들에게 권한다. 이 몸이 건강할 때에 화두의 타파를 분명히 해 두라.

이 공부는 아주 쉬운 일이다. 마음을 탁 열고 생사를 떼어놓고서 화두를 들지 아니한 탓이다. 다만, 사람들은 이렇게 말한다.

"어렵고 어렵다."

만약 호연(浩然)의 기상이 있는 대장부는 화두와 생사를 같이할 것을 각오하고 뛰어든다.

한 스님이, 조주 스님께 여쭈었다.

"개도 불성이 있습니까?"

하니 조주 스님이 대답하셨다.

"무(無, 없다)!"

무슨 까닭으로, 조주 스님은 '무(無)!' 라고 대답하셨을까(因甚道 無)?

무(無)? 왜 무(無)라고 하셨을까?

이렇게 무(無)! 라고 대답한 조주 스님의 마음을 밤과 낮이 없이 참구한다. 가고 서고 앉고 눕고 하는 모든 행위시간인 행주좌와(行 住坐臥)에도 참구하고, 옷을 입는 시간과 차를 마시는 시간에도 참 구하고, 화장실에 들어가 일을 보는 시간에도 참구하는데, 이렇게 화두가 성성(惺惺)해서 앞 마음과 그 다음 마음이 이어지는 틈새에 는 망상 번뇌와 졸음이 끼여들지 않는다. 다만, 무(無)자 화두 하나 에 모든 것을 건다.

날이 지나고 달이 지나 드디어 화두를 타파할 때가 온다. 한 깨달 음에서 홀연 마음에 밝은 꽃이 활짝 핀다. 이때가 바로 불조(佛祖) 의 밑바탕을 깨닫는 순간이다. 이때 가서는 이 늙은이의 말끝에 속 지 않고 천하에 큰소리를 칠 것이다.

달마 스님이 중국으로 오신 것은 바람 없는 잔잔한 바다에 부질

없이 파도를 일으킨 것이고, 부처님이 꽃을 들어 보인 것에 대해, 가섭 스님이 미소를 띤 염화미소(拈花微笑) 도리는 한마당 실패작이라고 할 것이다. 이런 자리인데 무슨 염라대왕이겠느냐? 성인 천분도 어떻게 하지 못하는 자리이다. 이 말을 믿느냐? 화두를 들어 깨닫는 일을 무슨 특별한 일이고 기이한 일로 여기느냐? 일은 다 마음먹은 사람의 손 안에 있느니라.

名言名句

유식삼성(唯識三性)은 비유비공(非有非空)의 중도(中道)를 나타낸다.

① 변계 소집성(遍計所執性) : 공(空)이 바탕이며, 헛생각을 하다가 새끼줄을 뱀으로 오인하고 놀라는 정유이무(情有理無)에 비유한다.

② 의타 기성(依他起性) : 유(有)가 바탕이며, 반드시 다른 연(緣)을 통해서 나타나는 오온, 색수상행식의 모든 현상이다. 여환가유(如幻假有)로, 환상, 신기루 등과 유식 100법 중 94법이 여기에 속한다.

③ 원성실성(圓性實性) : 유(有)가 바탕이며, 진여 자체는 우주에 가득 차 있는 진공묘유(眞空妙有). 위의 생멸하는 그런 허망한 류와는 전혀 다르다.

제13과 破車~急乎

破車不行이요 老人不修라 臥生懈怠하고 坐起亂識이니라 幾生不修하고 虛過日夜하며 幾活空身이완대 一生不修오 身必有終하리니 後身은 何乎아 莫速急乎며 莫速急乎아

부서진 수레는 가지 못하고 늙은 사람은 닦지 못하는지라, 누워서는 게으름만 생기고 앉아서는 어지러운 생각만 일어나느니라. 몇 생을 닦지 아니하고 헛되이 주야를 보냈으며, 얼마나 살릴 헛된 몸인데 일생을 닦지 아니하는가? 몸은 반드시 마침이 있으리니 후신을 어찌하랴. 급하지 아니하며 급하지 아니한가.

발심 법문으로, 제2의 포대화상이라고 부르는 제공(濟公, 1148~1209, 62세) 스님의 성훈(聖訓) 26조를 소개한다.

① 일생도시 명안배 구십마(一生都是 命按排 求什麼)

일생은 모두가 명으로 안배된 것이거늘, 무엇을 구하려고 하는고?

② 불례부모 예세존 경십마(不禮父母 禮世尊 敬什麼)

부모님께 불손하고 부처님께 예불하거늘, 무엇을 공경하려고 하는고?

③ 아손자유 아손복 회십마(兒孫自有 兒孫福 懷什麽)

아들 손자에게는 아들 손자의 복이 있는 것이거늘, 무엇을 근심하려고 하는고?

④ 인세리봉 개구소 고십마(人世離逢 開口笑 苦什麽)

인간 세상은 이별과 상봉으로 크게 웃는 것이거늘 무엇을 괴로워하려고 하는고?

⑤ 재과삼촌 성하물 참십마(才過三寸 成何物 饞什麽)

기껏 상 위에 세 치 쌓인 음식으로 다 채우거늘 무슨 음식을 탐하려고 하는고?

⑥ 전인전지 후인수 점십마(前人田地 後人收 占什麽)

밭 가는 앞 사람이 따로 있고 거두는 뒷사람이 따로 있거늘 무엇을 차지하려고 하는고?

⑦ 거두삼척 유신명 기십마(擧頭三尺 有神明 欺什麽)

석 자 높이 머리를 들면 신명이 있거늘 무엇을 속이려고 하는가?

⑧ 타가부귀 전생정 투십마(他家富貴 前生定 妬什麽)

다른 사람의 부귀는 전생의 보상이거늘 무엇을 질투하려고 하는고?

⑨ 도박지인 무하초 요십마(賭博之人 無下梢 要什麽)

도박자는 밑바닥이 없이 막가거늘 무엇을 바라려고 하는고?

⑩ 원가상보 기시휴 결십마(怨家相報 幾時休 結什麽)

원수 집은 서로 원한을 주고받다가 잠시 쉬거늘 무엇을 결연하려고 하는고?

⑪ 총명반피 총명오 공십마(聰明反被 聰明誤 攻什麼)

총명하면 거꾸로 총명의 오판을 낳거늘 무엇을 공교롭게 하려고 하는고?

⑫ 시비도저 견분명 변십마(是非到底 見分明 辯什麼)

시비는 마침내 분명한 것을 보이거늘 무엇을 변명하려고 하는고?

⑬ 기인시화 요인복 복십마(欺人是禍 饒人福 卜什麼)

남을 속이는 일이 인간의 넉넉한 복을 해친 것이거늘 무엇을 점치려고 하는고?

⑭ 금일부지 명일사 수십마(今日不知 明日事 愁什麼)

오늘은 내일 일을 알지 못하는 것이거늘 무엇을 근심하려고 하는고?

⑮ 형제자매 개동기 쟁십마(兄弟姉妹 皆同氣 爭什麼)

형제 자매는 모두 한 동기이거늘 무엇을 다투려고 하는고?

⑯ 기가인 무득운시 급십마(豈可人 無得運時 急什麼)

자기 마음에 드는 사람일지라도 아직 때를 얻지 못했거늘 어찌 급하려고 하는고?

⑰ 보파차한 난즉휴 택십마(補破遮寒 暖卽休 擇什麼)

보수해서 추위를 막아 따뜻하게 휴식을 취하거늘 무엇을 가리려고 하는고?

⑱ 사후일장 대불거 간십마(死後一丈 帶不去 慳什麼)

사후에 차지하는 면적이 열 자 길이를 넘지 않거늘 무엇을 아끼려고 하는고?

⑲ 득편의처 실편의 탐십마(得便宜處 失便宜 貪什麼)

편리하고 알맞은 때를 만나 오히려 편의를 잃거늘 무엇을 탐하려고 하는고?

⑳ 영화보귀 안전화 오십마(榮華寶貴 眼前華 傲什麼)

부귀영화는 눈앞의 허공 꽃이거늘 무엇을 방자하게 하려고 하는고?

㉑ 전생불수 금수고 원십마(前生不修 今受苦 怨什麼)

전생에 닦지 않아서 금생에 고통스럽거늘 무엇을 원망하려고 하는고?

㉒ 치가근검 승구인 사십마(治家勤儉 勝求人 奢什麼)

집안 살림은 근면 검소하게 하면 사람을 구하는 것보다 낫거늘 무엇을 사치하려고 하는고?

㉓ 세사여동 국일기 산십마(世事如同 局一棋 算什麼)

세상사는 한판 승부의 바둑과 같거늘 무엇을 따지려고 하는고?

㉔ 허언절진 평생복 황십마(虛言折盡 平生福 謊什麼)

허망한 거짓말로 평생 복을 다 끊었거늘 무슨 잠꼬대 소리를 하려고 하는고?

㉕ 수능보득 상무사 초십마(誰能保得 常無事 誚什麼)

누구도 평생 무사한 것을 보장받지 않았거늘 무엇을 꾸짖으려고 하는고?

㉖ 일단무상 만사휴 탐십마(一旦無常 萬事休 貪什麼)

하루아침에 만사가 무상하게 끝났거늘 무엇을 탐하려고 하는고?

제3장 自警文

해 설

　사료(史料)가 넉넉하지 않은 ≪자경문≫의 저자 야운(野雲) 스님에 관해서는 현재 나옹 스님의 제자라는 설이 유력하다. 최근에 새로운 자료 발굴로 해인사 종진(宗眞) 스님의 권단(權旦) 설이 나오고 있다. 아직 속단하기는 어려우나 연구 결과에 따라 힘이 있어 보이는 주장이다.

　① 신라의 영랑(永朗) 선인 설

　영랑 선인은 원효(元曉, 617~686, 70세) 스님에게 계를 받고 야운(野雲)이라고 한 데서 혹시 ≪자경문≫의 저자가 아닌가 한 적이 있었다. 그는 금강산의 신선으로 알려진 인물. 법호처럼 들판에 한가롭게 둥실 떠가는 구름과 같이 무애자재한 삶을 누린 인물이기 때문인지 자세한 전기가 없다.

　영랑 선인의 생존 연대가 글의 내용보다 너무 앞선 까닭에 저자라고 볼 수가 없다. ≪자경문≫ 맨 처음에 나오는 주인공(主人公)이라는 말과 그 뒤에 나오는 조사관(祖師關)이란 말이 보편적으로 선종 문헌에 나타난 것이 1229년에 나온 무문관(無門關). 이 책은 송대에 무문 혜개(無門慧開) 스님이 지은 책이다. 물론 그 이전에 구전으로 쓰여지고 단편적으로나마 어록 등에 쓰여진 사실을 간과하기는 어렵다. 뿐만 아니라, 육조 혜능(六祖慧能, 638~713, 77

세) 스님과는 동시대 인물로 추정되는 점도 그냥 넘기기 어려운 사실이 있다. 왜냐하면 주인공(主人公) 화두 '이뭣꼬?'의 시작을 육조 스님에게 두고 있기 때문이다.

하지만, 육조 스님의 법문이 시간을 늦추지 않고 바로 우리나라에 전해졌고 주인공 화두 공부, 조사관 용어가 ≪자경문≫에 쓰여졌으리라고는 믿어지지 않는다. 우리나라 최초 선종의 개창인 구산선문(九山禪門)은 영랑 선인이 살았던 때보다 200년을 거친 훨씬 뒤의 일이기 때문이다.

② 고려의 야운 각우(野雲覺牛) 스님 설

왕사(王師)를 지낸 나옹 혜근(懶翁慧勤, 1320~1376, 57세) 스님의 제자이고, 함허 득통(涵虛得通, 1376~1438, 63세) 스님과 교류가 있었던 야운 각우 스님을 ≪자경문≫의 저자로 믿고 있다. 그럴 수밖에 없는 것이, 스승 나옹 스님이 출가 당시부터 주인공(主人公) 화두를 강하게 품고 있고, 무문관의 책은 이 무렵 널리 보급된 시기이기 때문이다.

나옹 스님의 출가는 20세 때이다. 이웃집 친구의 돌연한 죽음을 통해서 새로운 삶의 전기를 마련한다. 인생에 깊은 회의가 왔을 무렵 나옹 스님은 공덕산 묘적암으로 출가한다. 처음 대면하는 자리에 서였다. 요연(了然) 스님이 나옹 스님에게 주인공(主人公)을 물었다.

"여기 온 자는 무슨 물건인고?"

"말하고 듣고 하는 자가 왔습니다만, 알지 못합니다. 보려고 해도 볼 수가 없고 찾으려고 해도 찾을 수가 없습니다. 어떻게 수행해야 하겠습니까?"

나옹 스님은 십 년 참선한 수좌와 같은 당찬 말로 대답하였다. 출가 당시부터 대인의 기질을 보여주는 좋은 예. 스승 요연 스님은 심정을 솔직하게 토로한다.

"나 역시 너처럼 알지 못해. 딴 스승을 찾아가 묻거라."

선지식 참배 다니기를 한동안 하다가 양주 회암사에 이르러서는 4년 간 두문불출하고 피나는 정진을 하였다. 여기서 깨달음이 있었다. 이때가 스님의 나이 25세 때의 일이다.

북경에 갔을 때였다. 인도에서 온 선지식 지공(指空, ?~1363) 스님을 친견한다. 이 일이 나옹 스님에게는 일생일대 큰 인연의 시기이다. 심인(心印)에 계합한 바가 있었다. 지공 스님 회상에서 머문 기간은 2년. 남쪽으로 가서는 평산 처림(平山處林) 스님의 문하에 들어가 법의(法衣)와 불자(拂子)를 전해 받고 확고한 입지가 선다.

귀국하였다가 재차 북경에 갔을 때였다. 지공 스님으로부터 법의와 불자를 전해 받는다. 우리가 대작 불사를 시작할 때에 증명법사단(證明法師檀)에, 지공·나옹·무학 삼대화상을 모신다. 나옹 스님의 스승과 제자 등 나옹 스님의 삼대인데 이만큼 나옹 스님의 법력이 크다는 뜻이기도 하다. 송광사 조석 예불문에서도 삼대 화상을 모시고 예를 올리는 것도 이와 같은 이치이다.

③ 고려의 권단(權旦, ?~?) 설

40년 동안 불교에 푹 빠졌다는데 거사로 있을 때에는 자호가 몽암(夢庵)이다. 원나라 철산 소경(鐵山紹瓊, ?~1311) 스님이 우리나라에 와서 법문을 하는 법석에 동참해서 크게 발심을 하고 나이가 많은데도 출가를 하였다. 법명은 야운. 속서(俗書)에 능하고 여러 벼슬자리에 있었던 인물로 알려졌으나 자세한 전기가 없다. 출가 후 7년 지나 열반하였다. ≪자경문≫에 나오는 속서의 몇몇 주요 인용구가 ≪자경문≫의 저자라는 하나의 단서가 된다.

名言名句

부설 거사(浮雪居士) 사부송(四浮頌) · 하나

처자권속 삼여죽(妻子眷屬 森如竹)
처자와 권속들이 삼대같이 무성하고
금은옥백 적사구(金銀玉帛 積似邱)
금은 보화 비단이 언덕만큼 쌓였어도
임종독자 고혼서(臨終獨自 孤魂逝)
임종에는 독신으로 고혼되어 가나니
사량야시 허부부(思量也是 虛浮浮)
생각하면, 이 또한 허허 무상 무쌍하구나.

(邱, 浮가 韻)

제1과　主人~勝言

主人公아 聽我言하라 幾人이 得道空門裏어늘 汝何長輪苦趣中고 汝自無始已來로 至于今生히 背覺合塵고 墮落愚癡하야 恒造衆惡而入三途之苦輪하며 不修諸善而沈四生之業海로다 身隨六賊故로 或墮惡趣則極辛極苦하고 心背一乘故로 或生人道則佛前不後로다 今亦幸得人身이나 正是佛後末世니 嗚呼痛哉라 是誰過歟아 雖然이나 汝能反省하야 割愛出家하야 受持應器하고 着大法服하야 履出塵之徑路하고 學無漏之妙法하면 如龍得水요 似虎靠山이라 其殊妙之理는 不可勝言이니라

주인공아, 나의 말을 들어라. 몇 사람이나 공문(空門) 속에서 득도(得道) 하였는데, 너는 어찌 고취(苦趣) 중에서 길이 윤회하는가? 네가 비롯함이 없는 옛적부터 금생에 이르도록, 본각(本覺)을 등지고 티끌에 합하고 어리석음에 빠져서, 항상 많은 악을 지어 삼악도의 고통 속에 들어가며, 여러 선을 닦지 아니하여 사생(四生)의 업해(業海)에 빠졌느니라.

몸은 육적을 따르는 까닭으로 혹 악도에 떨어져서 지극히 괴롭고 지극히 고통스럽고, 마음이 일승법을 등진 까닭으로 혹 사람으로 태어나도 부처님의 탄생 전이나 부처님의 열반 후니라.

이제 또한 다행히 사람 몸을 얻었으나 바로 불후요 말세니, 아! 애달프다, 이것은 누구의 허물인고?

그러나 네가 능히 반성하여 애정을 끊고 출가하여, 발우를 받아 지니고 대가사를 입어서, 티끌을 벗어나는 지름길을 밟고 무루(無漏)의 묘법을 배우면, 용이 물을 얻은 것 같고 범이 산을 의지한 것과 같은지라, 그 수승하고 미묘한 이치는 이루 다 말할 수 없느니라.

주인공 청아언(主人公 聽我言)

우리 마음에는 두 마음이 있다. 하나는 주인인 참마음이고 다른 하나는 나그네인 망념이다. 주인이 주인노릇을 했을 때 바로 서지만 나그네가 주인이 되면 잘못된 것. 중생은 늘 그 모양으로 산다. 그런 까닭에 화두공부에서 주인공을 찾는다.

주인공(主人公)은 선림용어(禪林用語)로는 사람사람이 본래 갖추고 있는 불성(佛性)을 말한다.

≪임제록(臨濟錄)≫과 ≪출요경(出曜經)≫에서는, 집안 주인공, 집안 주인공 하는 등, 집안 사람이라고 부른다. 육신은 집에, 주인공은 불성에 비유한다.

무문관(無門關) 12칙에는, 서암 사언(瑞巖師彦) 스님이 매일 스스로 주인공을 부르고 스스로 대답하는 조항이 나온다. 서암 스님은 당대의 스님.

반석 위에 앉아서는 마치 바보처럼,

"주인공아!"

하고 부르고, 스스로,

"예!"

하고 대답하곤 하였다.

"성성(惺惺)하게 깨어 있어! 다음에는 남에게 속지 말아!"

"예, 예!"

알지 못하는 사람이 보면, 아주 이상한 사람처럼 보였다. 머리 위
에 붙은 불을 끄는 심정이 되어 주위 이목을 가리지 않고 공부에만
힘을 쏟았다.

기인 득도공문리(幾人 得道空門裏)

공문은 불문(佛門) · 반야문(般若門)을 뜻하며, 석문(釋門) · 법문
(法門) · 치문(緇門) · 현문(玄門) · 진문(眞門) · 도문(道門) · 제문(諦
門) · 조문(祖門) · 종문(宗門) 등의 이름이 많다.

여하장륜고취중(汝何長輪苦趣中)

고취는 삼악도를 비롯하여 반고반락(半苦半樂)의 인간세계 등 윤
회의 세계를 넓게 표현한다.

여자무시이래 지우금생(如自無始已來 至于今生)

무시무종(無始無終)은 완성된 하나의 원으로 이해할 수가 있다.

미완성일 때에는 유시유종(有始有終)이지만, 완성의 단계에 가면 시작과 끝이 무너져서 무시무종. 오직 완성된 하나의 원이 있을 뿐이다. 깨달음의 반야 지혜 세계와 어리석음의 망상 번뇌 세계로 나누어서 설명한다.

반야 지혜의 무시무종은, 처음 시작 단계에서는 공부가 된 것처럼 눈에 띈다. 그러나 도력이 높아 가면 시작과 끝이 한꺼번에 무너져서 원으로 완성되듯이 무시무종. 공부를 한 것처럼 보이면 그건 아직 부족하다는 증거이다.

망상 번뇌의 경우도 마찬가지이다. 처음 시작 단계에서는 어리석음이 눈에 띈다. 그러나 흑업(黑業)이 높아 가면 시작과 끝이 한꺼번에 무너져서 원으로 완성되듯이 무시무종. 어리석음을 스스로 알아차리는 사람은 그건 번뇌에서 벗어나 밝게 깨어 있다는 증거이다.

항조중악이입삼도지고륜(恒造衆惡而入三途之苦輪)

삼악도(三惡途)는 ① 지옥 ② 아귀 ③ 축생의 세계. 지옥이 가장 고통이 많고 그 다음이 아귀, 축생 순이다.

불수제선이침사생지업해(不修諸善而沈四生之業海)

4생은 태란습화(胎卵濕化). 사람, 동물 할 것없이 모든 중생을 포함하는 말이다.

① 태생은 태아로 태어나는 것으로, 사람·소·돼지 등이다.

② 난생은 알로 나는 것으로, 닭·새 등 조류와 물고기 등이다.

③ 습생은 습기를 머금는 데서 나는 것으로, 지렁이 등이다.

④ 화생은 매미와 같이 알 · 애벌레에서 번데기로 변했다가 다시 매미로 변해서 나는 것이며, 그밖에 영가의 중음신과 지옥 천상계에 나는 등이다.

신수육적(身隨六賊)

육적(六賊)은 두 가지의 뜻이 있다.

첫째는, 번뇌의 근원을 생산하는 색성향미촉법(色聲香味觸法) 등 바깥 육경(六境) 경계 육진(六塵)을 뜻한다. 육진은 안의비설신의(眼耳鼻舌身意) 육근(六根)을 매체로 삼아, 일체 선법(善法)을 겁탈할 수가 있기 때문이다. 이런 까닭에 도적에 비유한 것.

둘째는, 육적(六賊)은 육근이 사랑에 푹 빠진다거나 즐기는 데에서 헤어나기 어렵기 때문에 사랑과 희락[愛喜] 자체를 뜻한다. ≪잡아함경≫에서는, "대중 여러분! 안에는 육적(六賊)이 있어, 여러분을 뒤쫓아 다니면서 호시탐탐 노리고 있다. 꼭 죽여야 할 우리 안의 도적은 무엇인가. 그것은 사랑과 희락[愛喜]이란 것이다"라고 하였다.

심배일승고(心背一乘故)

심성(心性)은 마음의 본성을 말하며 자성(自性)이란 말로 쓰기도 한다. 마음의 본성에는 청정과 오염, 이 두 가지를 말한다. 불교사상사에서는, 경에서 자주 논의되고 있는 부분으로, 청정과 오염 두 가지에 대해서 달리 보는 견해로, 두 가지가 같다는 설과 두 가지가 각각 같지 않다는 설이 있다. 대중부(大衆部) 등 대부분 논사들은 심성이 본래 청정하다는 쪽이나, 유부(有部) 등은 다른 설을 주장한다. 대중부 요지는, 비록 객진 번뇌에 의해서 물들어 흐려진다고 하더라고 이 오염이 마음의 본체일 리가 없다고 하는 심성 본정설(本淨說)이다.

심성 본정설(本淨說)은 대승 불교에 넘어와서도 초기·중기·후기에 계속 발전한다. 특히 여래장(如來藏)·불성(佛性)·보리심(菩提心)·유식실성(唯識實性)·원성실성(圓成實性)·심체(心體) 등으로 사상이 교체되면서 대승 사상은 꾸준히 발전한다. 이런 까닭에 대승 경론 심성설의 특징은, 부파불교에서 다루었던 본정설과 그렇지 않다는 설 등 이 두 설 외에도, 더 많은 내용을 다루면서 성불(成佛)의 가능성, 개오(開悟)하는 마음, 불타의 정신 특질 등 많은 문제들을 이 사상에 근거하여 해명하고 있다는 점이다.

심청정(心淸淨) 내용에는, 우리 마음 본성은 청정하여 물들지 않는 자성청정(自性淸淨)과 수행을 통하여 일체 객진 번뇌를 멀리 벗어났기에 청정해졌다는 이구청정(離垢淸淨)으로 두 가지가 있다.

일승(一乘)

일승은 8만 4천 방편법의 귀착점, 절대 진실한 법. 부처님의 무상대도(無上大道)를 이루게 하는 가르침은 오직 정도(正道) 하나라는 뜻. 천태지의(天台智顗, 538~597, 60세) 스님은 부분부분으로 조금씩 방편법문을 내보인 게 아니라 전체를 에누리 없이 다 내보인 ≪법화경≫이 바로 일승경이며, ≪법화경≫에 나오는 화택(火宅) 등 일곱 가지의 비유가 바로 일승을 설명한다고 하였다. ≪법화경≫ 요지는 성문 연각 등 2승과 3승 보살도 최후에는 1승으로 돌아간다는 회삼귀일(會三歸一)이다.

일승삼보(一乘三寶)로서, 구경(究竟) 법신(法身)이 불보(佛寶)이고, 일승법(一乘法)이 법보(法寶)이고, 일승 보살(一乘菩薩) 대중이 승보(僧寶).

학무루지묘법(學無漏之妙法)

본정무루(本淨無漏)는, 중생의 심성은 본래 청정하여, 번뇌가 새어 나와 오염시키는 데서 멀리 벗어났다는 뜻. 그러나 뒤에 일으킨 객진 번뇌로 인하여 잡되게 물들게 된다.

이때에 무문(無聞) 범부는 법문들을 바가 없어 여실하게 깨어나지 못하고, 유문(有聞) 성류 제자들은 곧 깨달아 수심(修心)하여 본성으로 돌아가 객진 번뇌에서 해탈한다. ≪법화경≫ 분별공덕품에서, "바로 이렇게 생각하라. 오래지 않아 도량에 들어가, 무루무위(無漏無爲)의 경지를 터득하여, 널리 인천을 이익 되게 할 것이다"라고 하였다. 무위의 위(爲)는 조작(造作), 위작(爲作)의 뜻으로, 무위는 천의무봉(天衣無縫)의 천진한 자연 그대로의 경지를 말한다.

제2과　人有～退屈

人有古今이언정 法無遐邇하며 人有愚智언정 道無盛衰하나니 雖在佛時나 不順佛敎則何益이며 縱値末世나 奉行佛敎則何傷이리요 故로 世尊이 云하사대 我如良醫하야 知病設藥하노니 服與不服은 非醫咎也며 又如善導하야 導人善道하되 聞而不行은 非導過也라 自利利人이 法皆具足하니 若我久住라도 更無所益이라 自今而後로 我諸弟子-展轉行之則如來法身이 常住而不滅也라 하시니 若知如是理則但恨自不修道언정 何患乎末世也리요 伏望하노니 汝須興決烈之志하고 開特達之懷하야 盡捨諸緣하고 除去顚倒하며 眞實爲生死大事하야 於祖師公案上에 宜善參究하야 以大悟로 爲則하고 切莫自輕而退屈이어다

　사람은 예와 이제가 있으나 법에는 먼 것과 가까움이 없으며, 사람은 어리석음과 지혜로움이 있으나 도는 성함과 쇠함이 없나니, 비록 부처님이 계신 때에 있으나 부처님의 가르침을 따르지 아니하면 무슨 이익이며, 비록 말세를 만났더라도

부처님의 가르침을 받들어 행하기만 하면 무슨 해로움이 있으리요.

그러므로 세존이 이르시기를, "나는 좋은 의사와 같아서 병을 알아 약을 지어 주지만, 먹고 안 먹는 것은 의사의 허물이 아니며, 또한 훌륭한 길잡이와 같아서 사람을 좋은 길로 인도하지만, 듣고 가지 않는 것은 길잡이의 허물이 아니니라. 나도 이롭고 남도 이롭게 함은 법이 모두 구족하였으니, 만약 내가 오래 머물더라도 다시 이익될 게 없느니라. 이제부터 이후로 나의 모든 제자들이 차례차례로 이어 행하면, 여래의 법신이 상주해 멸하지 아니한다" 하시니, 만일 이와 같은 이치를 알면, 다만 제가 수도하지 않음을 한탄할지언정, 어찌 말세임을 근심하리요.

엎드려 바라노니, 너는 모름지기 결렬(決烈)한 뜻을 일으키고 특달한 생각을 열어서, 여러 가지 반연(攀緣)을 모두 버리고 뒤바뀜을 제거하며, 진실로 생사대사(生死大事)를 위하여 조사의 화두(話頭) 가운데서 마땅히 잘 참구(參究)하여, 크게 깨닫는 것으로써 법칙을 삼고, (간절히) 스스로 가벼이 하여 물러나지 말지니라.

인유고금 법무하일(人有古今 法無遐邇)

이하 ≪육조단경≫에 나오는 말씀이다. 부지런히 정진하되, 남을 탓하지 않는 마음이 필요하다는 뜻.

아여양의(我如良醫)

심약(心藥)은 불법을 달리 표현한 말로, 부처님은 좋은 의사. 마치 의사가 육신의 병을 치료하는 것처럼, 불법은 중생의 심병(心病)을 치료한다.

중생의 마음은 원래 청정하여 더럽혀지거나 물들지 않는다. 그러나 무명(無明)으로 덮인 까닭에 여러 가지 번뇌를 치성하게 일으켜서, 세상사 고뇌의 바다 위에 하염없이 떠다니면서 아래로 잠겼다가 위로 떠오르기를 반복한다. 이것이 윤회이다. 따라서 출세간법인 불교 교법의 특징은 번뇌로 인한 윤회의 심병을 치료한다는 점이다.

우여선도(又如善導)

무상대도의 가르침은 별로 인기가 없다. 왜냐하면, 사교(邪敎)의 가르침은 혹하게 사람을 끌어들여서 빠져 들게 하는 매력이 있지만, 정도(正道)의 입장에서는 평상심(平常心)이기 때문이다.

실체로 무엇이 없다는 단견(斷見), 실체로 무엇이 있다는 상견(常見) 등 사견(邪見)을 버리지 않은 스승은 불법 밖과 안에 모두 있다. 마하승지율(摩訶僧祇律)에서 비유하는 정중로월(井中撈月)은 다음과 같다.

부처님이 일찍이 비구들에게 고하였다. 옛날에 바라나시 성(城) 안에는 500 원숭이가 숲 속에 어울려 지내고 있었다. 이때 우두머리 원숭이가 우물 안에 비친 달 그림자를 보고, 여러 동료들에게 말하였다.

"달은 있는데 해는 죽었어. 지금 달이 우물 가운데에 떨어져 있다. 모두가 어서 달을 건져내야 해. 세상이 긴 칠흑 같은 어둠의 장막으로 덮이기 전에 어서 빨리!……."

원숭이 회의에서는 갑론을박을 하였으나, 적절한 방법이 없을 때였다. 최후에 우두머리 원숭이가 말하였다.

"내가 찾아낸 방법은, 먼저 나는 여기 나뭇가지를 꽉 붙들고 있을 테니 한 원숭이는 내 꼬리를 붙들고, 다음 원숭이는 앞 원숭이의 꼬리를 붙들어서 죽 이어져 내려가 우물 바닥까지 내려가는 거여. 이렇게 해서 원숭이 띠를 짓는데 우리는 달을 건져낼 수가 있어."

실제 상황에서는 일을 크게 그르쳤다. 우두머리가 붙잡은 나뭇가지가 부러지자마자 원숭이떼는 몽땅 우물 바닥으로 굴러 떨어져 버렸다.

부처님이 여러 비구들에게 고하였다.

"이때의 원숭이 우두머리는 지금 제바달다이고 나머지 원숭이는 말썽꾼 육군(六郡)비구이니라."

자리리인 법개구족(自利利人 法皆具足)

자기 자신은 구도심(求道心)에서 출발하여 남을 위해 돕고 보시 바라밀을 실천한다는 건 본생담의 일반적인 이야기.

자리리인은 대승 보살의 이념으로, 자리리타(自利利他), 상구보리 하화중생(上求菩提 下化衆生), 자각각타(自覺覺他) 등의 말과 같이 쓰인다.

심지관경(心地觀經)에는 일체남녀 아부모(一切男女我父母)란 말이 있다.

중생이 백천만겁 윤회의 결과로, 모두가 부모 자식의 인연을 맺고 있다는 뜻. 남자는 아버지 아닌 자가 없고 여자는 어머니 아닌

자가 없고 어린 아이는 또한 자기의 자녀 아닌 자가 없다. 이런 까닭에 세계일화(世界一花)란 생각으로 대승 보살의 자리리타행을 버리지 않아야 한다는 뜻.

≪승만경(勝鬘經)≫에서는, 청하지 않아도 기꺼이 도반이 되어 준다는 불청지우(不請之友)란 법문이 있다. 그런 까닭에 청하였다면 총알같이 튀어 나가 자리리타행을 실천해야 보살이다.

단한자불수도(但恨自不修道)

다만, 제가 수도하지 않음을 한탄할지언정.

잘되면 제 탓, 못 되면 조상 탓이란 속담이 있다. 일이나 수도에 힘쓰지 않고 그럭저럭 지내는 사람은, 일이 잘되면 제가 잘해서 된 것으로 여기고 일이 안 되면 남을 원망한다. 여기서는, 제가 박복해서 부처님 회상에 태어나지 못함을 안타까워하며, 하필 남을 해치고 악담하기를 좋아하는 이런 말세에 태어났을까 하고 한탄한다는 뜻.

어조사공안상(於祖師公案上)

조사의 공안은 화두(話頭)를 말한다.

선종에서 고칙(古則), 공안(公案)에 관한 책에 실려 있는 일절(一節)이나 일칙(一則)이 화두(話頭).

본래 '관공서의 문서'란 뜻의 공안은, 공정하여 범치 못할 법령이며, 그 법령에 의지한, 옳고 그름을 판단하는 기준이 된다는 뜻이다.

화두는 다른 한편으로, 후학이 참선 공부 점검을 원할 때에 정각

여부의 판단 기준이 되기도 한다.

화두는 종장(宗匠)의 언행에서 이루어진, 참선자가 연구해야 할 일생일대 문제이다. 두(頭)자는 어조사로 뜻이 없이 새기나, 허운(虛雲) 스님의 주장에는 화두(話頭)를 말머리[話頭]로 새겨서 언어 이전의 마음 참구라고 하며, 사량분별을 일으키면 화말(話末)에 떨어진다고 풀이한다. 화두에 이해를 돕는 좋은 착상이라고 여겨진다.

임제종의 가풍을 따르는 한국 선원에서는, 화두가 없이 선방에 가는 사람은 아무 목적이 없이 그냥 사람들이 장보러 가니까 따라서 장보러 가는 사람과 같다고 하여 크게 경계한다. 화두와 선수행자의 관계는 전쟁에 나가는 군인과 총과의 관계만큼이나 매우 소중하다. 어쩌면 단 하나밖에 없는 자기 생명만큼이나 소중한 것이 화두인지도 모른다.

예를 들면, 시심마(是甚麽) 화두는 보통 잘 알려진 화두의 하나. 이게 무얼까? 이뭣꼬???? 화두는 자신에 대해 강한 의문이다. 화두 의문이 강하면 그만큼 크게 깨닫는다. 전수참선(專修參禪)은 만사를 제쳐놓고 참선 공부 하나, 화두 하나에 밤낮으로 전념한다는 뜻. 시간, 공간, 지계와 파계, 불법과 외도 등등 화두 외의 다른 일에 시시분별을 벗어나 바보가 된다. 스승은, 정말 죽은 송장이 되어야 화두 공부가 된다고 누누이 강조한다.

참선 공부의 시작에 있어서도 독학으로 하는 사람과 좋은 스승의 가르침을 받는 사람과의 차이는 크다. 비유하자면, 제 혼자서 화두를 택해서 참선을 시작하는 사람의 경우와 선지식이 내려준 화두를 참구하는 사람의 경우는 대단히 큰 차이를 가져온다.

혼자서 시작하는 사람은 스승이 없기 때문에 그만큼 한계가 있다. 시간도 많이 허비한다. 용기가 가상한 이런 독각(獨覺) 후예들의 기량은 인정하지만, 만일 그가 좋은 선지식을 만난다면 금상첨화일 것이고 호랑이에 날개가 달린 격이며, 물을 만난 용이 승천하는 격일 것이다. 그렇기 때문에 처음부터 굳이 독각의 길을 택할 필요가 없다.

간혹 탁견을 가진 스님네가 공안집을 보고 자기 화두를 스스로 정한 이가 없지 않다. 경허(鏡虛) 스님이 그 대표적인 예이다. 그는 근대 참선법을 부흥시킨 장본인. 당시 경허 스님의 주위에는 화두를 내려줄 만한 선지식이 없기 때문에 만부득이 한 일이다.

선종에서는 스승이 중요하여, 참선을 하려거든 먼저 스승부터 정하라, 도를 닦기 전에 먼저 스승을 모시라, 하는 말이 있다. 스승을 중히 여기면 법이 중해지고 스승을 가벼이 여기면 법이 가벼워지기 때문이다. 선종의 가풍(家風)에 따라 스승 문하의 제자가 되는 방법이 그 예.

이대오 위칙(以大悟 爲則)

크게 깨닫는 것으로써 법칙을 삼고.

참선 수행자가 신구의(身口意) 삼업(三業)을 몽땅 다 바쳐서 화두 참구에 힘쓰는 것은 무슨 까닭인가. 서산 스님은 말한다. 출가하여 스님이 되는 일이 어찌 적은 일이랴! 안일함을 구함이 아니고, 배부르고 등 따뜻함을 구함도 아니고, 더구나 명예나 재물을 얻기 위함도 아니다. 오직 생사 문제 때문이며, 번뇌를 끊어 삼계를 벗어나는 일 때문이며, 부처님의 혜명(慧命)을 잇고 이웃을 제도하려고 하는 일 때문이니라.

제3과　惟斯~纏身

　惟斯末運에 去聖時遙하야 魔强法弱하고 人多邪侈하야 成人者少하고 敗人者多하며 智慧者寡하고 愚癡者衆하야 自不修道하고 亦惱他人하나니 凡有障道之緣은 言之不盡이라 恐汝錯路故로 我以管見으로 撰成十門하야 令汝警策하노니 汝須信持하야 無一可違를 至禱至禱하노라 頌曰

　愚心不學 增憍慢이요　　癡意無修 長我人이로다
　空腹高心 如餓虎요　　　無知放逸 似顚猿이로다

　邪言魔語 肯受聽하고　　聖敎賢章 故不聞이로다
　善道無因 誰汝度리요　　長淪惡趣 苦纏身이니라

　오직 이 말운에 성인에 나아가기가 때가 멀어서, 마구니는 강하며 법은 약하고 사람은 사치함이 많아서, 사람을 성취시키는 이는 적고 사람을 실패케 하는 이는 많으며, 지혜로운 이는 적고 어리석은 이가 많아서, 저 자신도 도를 닦지 아니하고 또한 타인을 뇌롭게 하나니, 무릇 수도를 방해하는 인연이 있음은 말로써 다하지 못하느니라.

　네가 길을 잘못 들까 염려한 까닭으로, 나의 좁은 소견으로 열 가지를 서술하여 네가 경책하게 하노니 너는(모름지기) 믿어 지녀서, 하나도 가히 어김이 없기를 지극히 빌고 지극히 비노라. 송하여 이르되,

어리석은 마음, 안 배워서 교만만 늘고
바보 같은 생각, 닦잖으니 '너' '나'만 크네
빈 배에 뜻만 크니 주린 범 같고
앎이 없이 방일함은 굴러 떨어진 원숭이.

사된 말과 마구니 소리 곧잘 받아 듣고
성인의 가르침과 현인의 글 모른 체하네
선도에 인연이 없어 누가 널 건지랴
길이 악도에 빠져 고(苦)가 몸을 얽었네.

유사말운(惟斯末運)

말세(末世) · 말법(末法) · 말운(末運)은 같은 뜻의 표현.

말법(末法)은 범어 saddharma-vipralopa. 정법(正法)이 끊어져 사라진다는 뜻.

불법이 쇠약해지는 시대를 정 · 상 · 말(正 · 像 · 末) 세 시대로 구분한다.

≪대승법원의림장(大乘法苑義林章)≫에서는 ① 교(敎 · 敎法) ② 행(行 · 修行) ③ 증(證 · 證果)을 구비하고 구비하지 않은 것으로 구분한다. 정법시대는 교법 · 수행 · 증과를 다 갖추었고, 상법시대는 교법 · 수행은 갖추고 증과는 많이 불가능하지만 그래도 정법시대와 상사(相似)하다고 하여 이름이 상법이고, 말법시대는 사람들이

교법에 몰두하고 있지만 수행과 증과가 불가능하다는 이론이다.

부처님의 정법이 쇠약해져서 말법시대를 맞는 까닭은 승풍이 흐려지고 혼탁해진 탓이라고 한다.

정법시대는 부처님 입멸 후 5백년 간 혹은 1천년 간, 상법시대는 그 다음 1천년 간, 말법시대는 그 후 시대로 1만년 간이 지속되다가 불법이 다한다고 한다.

다른 설에 의하면, 정법 1천년, 상법과 말법은 각 5천년 간이라고 말한다.

문헌에 나타난 말법 사상은 먼저 북제(北齊) 때의 혜사(慧思, 515~577) 스님의 서원문(誓願文)에 있고 그 다음이 수대(隋代)에 신행(信行, 540~594) 스님이 제창한 삼계교(三階敎)에서 찾아 볼 수가 있는데, 철저한 수행 정신을 높이기 위한 하나의 방편법인 것이다.

불멸 후에는 다섯 가지 어지러운 일이 생긴다. 첫째는 출가 비구가 속복을 입은 사람에게 불법을 배운다. 둘째는 속복을 입은 사람이 윗자리에 앉고 승복을 입은 비구는 아랫자리에 앉는다. 셋째는 비구의 설법을 듣지 않고 속복을 입은 사람의 설법을 높이 받든다. 넷째는 마구니 비구가 나와서 세간에 진리라고 편 까닭에, 불법의 바른 경전은 불분명해지고 사(詐)된 것이 믿음으로 된다. 다섯째는 비구가 처자와 종을 데리고 살며 서로 다툼을 일삼아서 불법을 잇지 못한다. 이런 어지러움 때문에 불법이 더욱 쇠약해져서 말법시대를 맞는다.

거성시요(去聖時遙)

갈 거(去), 나아갈 거(去), 떨어질 거(去) 등의 뜻이 있다. 여기서는 성인에 나아가기가 때가 멀어서, 하고 새겨서 나아간다는 뜻.
거성시요(去聖時遙) 문장은 ≪치문(緇門)≫ 위산 대원 선사 경책 처
음 부분에 보인다.

자불수도 역뇌타인(自不修道 亦惱他人)

대승 보살행의 자리리타(自利利他)와 반대되는 말.

저 자신이 도를 닦지 아니함은 물론, 타인을 뇌롭게 하는 마구니
인 것이다. 욕심(慾心)과 윤회에 끄달려 사는 중생 살림살이 모습
을, 대나무에 대 꽃이 피는 것에 비유한 잡보장경 법문이 있다.

파초 생실고(芭蕉 生實枯) 파초는 열매를 맺자마자 말라죽는다

노죽위 역연(蘆竹葦 亦然) 갈대와 대나무 역시도 그렇게 해서 죽는다

우자 탐이양해(愚者 貪利養害) 어리석은 사람이 이익을 탐내다가 자
신을 해치는 것을 보고

지자 소치소(智者 所嗤笑) 지혜로운 사람은 허허 하고 웃는다

열매를 맺는 파초, 꽃이 핀 대나무, 꽃이 핀 갈대는 모두 말라죽
기 직전의 모습이다. 흔히 우리 주위에서 볼 수가 있듯이, 대밭에
대 꽃이 피면 대밭이 망한다. 어리석은 사람이 다섯 가지 탐욕에
빠져서 밖으로 나오지 못하는 모습이며, 이익만 좇다가 결국은 부
나방이 불 속에 뛰어든 형상에 비유한 것이다.

경전에서는, 지혜로운 사람은 한 번 실수를 범할 뿐, 두 번 화살
을 맞지 않는 사람이라고 표현한다.

이국에 씨 뿌린 고추 이야기. 한국 고추씨를 프랑스에 가져다가

심었는데 그 해 프랑스 토양에서 자란 고추는 매운 맛이 줄어들었다. 이미 기후 풍토가 달라진 데서 자란 고추는 한국 고추가 아니고 프랑스 고추가 되어버린 것이다. 다시 2년째 그곳 프랑스에서 소득한 고추씨를 심었더니 이번에는 완전히 프랑스 고추가 되어버렸다.

우리 수행도 이와 같은 맥락에서 이해한다. 불법승(佛法僧) 삼보 전에 귀의한 사람, 매일 조금씩 부처님의 신·구·의(身口意) 삼업(三業)을 수행하는 사람은 부처님 땅, 불지(佛地)에 씨가 떨어져서 부처님 세계의 기후 토양에서 자라, 이미 그 이전의 사람이 아닌 것이다.

범유장도지연(凡有障道之緣)

≪현양성교론(顯揚聖敎論)≫에서, 걸식비구는 도를 장애하는 다섯 장소를 피해야 한다고 한다. 첫째, 노래하는 곳 : 노래를 부르는 곳은 오직 오락과 즐거움만을 취하는 곳으로 비구의 선정을 방해하기 때문이다. 둘째, 음녀가(婬女家) : 그냥 지나가거나 머뭇거려도 청결치 못해 나쁜 명성이 따른다. 색욕(色欲)은 장도(障道) 근본의 인연이기 때문이다. 셋째, 술집 : 술은 죄를 범하는 인연으로, 자신도 모르는 새에 허물과 실수를 범하게 한다. 넷째, 왕궁(王宮) : 고관 대작이 머문 곳, 엄금(嚴禁)의 장소, 자유롭지 않은 장소 등은 가서 머물 곳이 못 된다. 다섯째, 전다라(旃陀羅) : 도살장. 이 장소는 살의가 등등한 곳으로 중생을 뇌롭게 해서 보는 것만으로도 자비심을 해치고 선심의 밑바닥까지를 흔들어서 갈 곳이 못 된다. [중아함경 권사십팔 우각사나림경, 오분율 권이십칠, 사분율항사초자지기 권중삼지이, 권하삼지사, 석씨 요람 권상]

대치(對治)란 도의 장애를 물리친다는 뜻. 대치는 범어로 pratipakṣa. 부정(否定), 막아 물리친다란 원뜻이 있다. 부처님의 가르침 가운데에, 도는 번뇌 등을 끊어 없앤다 하는 말씀이 있는데, 여기서 도는 능대치(能對治)이고 번뇌(煩惱) 등은 소대치(所對治)이다.

치의무수 장아인(癡意無修 長我人)

구마라습(鳩摩羅什) 번역 ≪금강반야바라밀경(金剛般若波羅蜜經)≫에서는, 중생이 개체를 대상으로 할 때에 심신이 그릇 집착한 것으로 네 가지 상이 있는데, 사견(四見)·아인 사상(我人四相)·식경 사상(識境四相)이라고도 말한다.

첫째, 아상(我相) : 중생은 오온법(五蘊法) 중에서 망념(妄念)으로 사량분별한 결과, 먼저 주체인 내가 실체로서 있는 줄 알고 그 다음 객체인 대상을 생각해서 철저하게 이분법이 실제하고 있는 것으로 믿는다.

둘째, 인상(人相) : 중생은 오온법(五蘊法) 중에서 망념으로 나란 상을 사량분별한 결과, 육도(六道) 중 인도(人道)에 사람이 실체로서 있는 줄 알고 다른 류 특히 축생류와 구별한다.

셋째, 중생상(衆生相) : 중생은 오온법(五蘊法) 중에서 망념(妄念)으로 나란 상을 사량분별한 결과, 색수상행식(色受想行識) 오온(五蘊)의 화합으로 생겼다고 가르치니 다시 여기에 일정한 법이 있는 것으로 믿는다.

넷째, 수자상(壽者相) : 중생은 오온법(五蘊法) 중에서 망념(妄念)으로 사량분별한 결과, 출생에서 죽음까지 일생의 수명이 있다고 믿는다. 여기 수명은 장수자나 단명자가 같을 수 없고 사람에 따라 다른 것이다.

무지방일 사전원(無知放逸 似顚猿)

방일하지 않고 간단(間斷)이 없이 정진하여야 하는 까닭에 불도(佛道)를 방편도(方便道) 혹은 무간도(無間道)·해탈도(解脫道)라고 이름한다.

산란(散亂)하고 방일(放逸)한 생각은 다름 아닌 일체 번뇌(煩惱)의 다른 이름이다.

방일을 경계한 대목은 구마라습이 번역한 ≪유교경(遺敎經)≫에서도 보인다.

"부처님이 입멸하신 후에는, 바라제목차(波羅提木叉, 戒條, 戒本)를 스승으로 삼아라. 오근(五根)을 통제하라. 성내지 말고 교만하지 말라. 부지런한 사람이 되어 방일하지 말고 도업(道業)에 정진하라."

≪유교경≫은 선문(禪門)에서 아주 소중하게 여겨서, ≪사십이장경(四十二章經)≫과 ≪위산경책(潙山警策)≫까지 합하여 불조삼경(佛祖三經)이라고 이름한다.

제4과 其一～殘年

其一은 軟衣美食을 切莫受用이어다

自從耕種으로 至于口身히 非徒人牛의 功力多重이라 亦乃傍生의 損害無窮이어늘 勞彼功而利我라도 尙不然也온 況殺他命而活己를 奚可忍乎아 農夫도 每有飢寒之苦하고 織女도 連無遮身之衣온 況我長遊手어니 飢寒을 何厭心이리요 軟衣美食은 當恩重而損道요 破衲蔬食은 必施輕而積陰이라 今生에 未明心하면 滴水도 也難消니라 頌曰

荣根木果 慰飢腸하고 松落草衣 遮色身이어다
野鶴靑雲 爲伴侶하고 高峯幽谷 度殘年이어다

첫째, 좋은 옷과 맛있는 음식을 수용하지 말지니라.

밭을 갈고 씨를 뿌린 데서부터 입과 몸에 이를 때까지, 비단 사람과 소의 공력이 많고 중할 뿐만 아니라, 또한 벌레의 손해가 무궁하니, 저들의 공을 수고롭게 하여 나를 이롭게 할지라도 오히려 옳지 못하거든, 하물며 다른 목숨 죽여서 나를 살림을 어찌 하겠느냐?

농사짓는 사람도 늘 춥고 배고픔의 고통이 있고, 길쌈하는 아낙네도 잇달아 몸을 가릴 옷이 없거늘, 하물며 나는 길이 손을 놀리거니, 춥고 배고픔을 어찌 마음에 싫어하리요?

좋은 옷과 맛있는 음식은 마땅히 시은이 무거워 도를 덜고, 누더기 가사와 나물반찬 밥은 반드시 시은이 가벼워 음덕을 쌓는 것이니, 금생에 마음을 밝히지 못하면 한 방울 물도 소화하기 어려우니라. 송하여 이르되,

나물 뿌리 나무 열매 주린 창자 위로하고

송락과 풀 옷으로 몸을 가려

들에 사는 학과 뜬구름으로 벗을 삼아서

깊은 산골짜기에서 남은 여생을 보내리.

연의미식 절막수용 (軟衣美食 切莫受用)

제일 먼저 나오는 구전이, 의식주에서 벗어나라는 말씀. 무엇을 먹을까, 무엇을 입을까, 걱정하다가는 아무 일도 못한다. 불자의 시은으로 살아가는 출가 비구의 입장에서는 가능한 한 시은을 줄이는 게 음덕을 쌓는 길이다.

자종경종 지우구신 비도인우 공력다중 역내(自從耕種 至于口身 非徒人牛 功力多重 亦乃)

관용구인 자종경구 지우구신 대목은, 자종(自從) : 어디에서, 지우(至于) : 어디까지이고, 비도(非徒) : 무엇무엇뿐만 아니라, 역내(亦乃) : 또한 무엇무엇으로 새긴다.

농부매유 기한지고 (農夫每有 飢寒之苦)

기한(飢寒)에 발도심(發道心)이라고 하여, 춥고 배가 고파야 도 닦을 마음이 일어난다고 옛사람은 말하였다. 안으로는 심신이 부족한데가 있어서 좋고 밖으로는 은덕을 생각하게 해서 좋은 것이다. 다음에서 삼덕(三德)을 살펴본다.

삼덕은 불과위(佛果位)에 오른 수행자의 구체적인 삼종덕상(三種德相)으로 지덕(智德) · 단덕(斷德) · 은덕(恩德)이다. 불성론(佛性論)에 나와 있는 말이다.

①지덕(知德) : 부처님이 일체 법을 관찰, 그 깨달음을 통하여 얻은 지혜의 덕.

②단덕(斷德) : 일체 번뇌 혹업(惑業)을 끊은 덕.

③은덕(恩德) : 중생을 구제하겠다는 원력으로 말미암아 중생에게 베푸는 은혜의 덕. 이상 삼덕은 법(法) · 보(報) · 삼신(三身)에 대비하고 동시에 지(智) · 단(斷) 이덕은 자리(自利) · 자행(自行) · 자각(自覺)의 몫이고, 은덕(恩德)은 이타(利他) · 화타(化他) · 각타(覺他)의 몫이다. ≪화엄경소≫ 12권 말씀이다.

불종(佛種)이 안 끊어지게 하는 데에는 어떤 것이 있느냐? 삼덕(三德)이 있어, 중생을 구제하여 얻은 은덕(恩德), 번뇌(煩惱)를 영원히 끊어 단덕(斷德), 제행(諸行)을 깨달아서 얻은 지덕(智德)이 그것이다. 양역 섭대승론석(攝大乘論釋), 미륵상생경소(彌勒上生經疏) 참고.

네 가지 은혜를 다른 말로 은해(恩海)라고 표현한 것은 무변대해와 같이 크다는 뜻.

사은(四恩)은 부모은(父母恩) · 국왕은(國王恩) · 중생은(衆生

恩)·삼보은(三寶恩)으로 성령집(性靈集)에 나오는 말이다. 여기서 국왕의 은혜를 동업중생으로서 인연한 국가와 민족, 사회의 은혜로 이해하면 크게 어긋나지 않는다.

파납소식(破衲蔬食)

떨어진 옷을 꿰매 입은 옷이 누더기 옷이다. 수행자는 새 옷을 해 입어도 헌 옷 한 조각을 모서리에 붙여 입는게 가풍이다. 선승의 다른 말로 운수승(雲水僧)·운납(雲衲)·행각승(行脚僧). 누더기를 걸치고 일정한 거처를 마음에 두지 않고 흐르는 구름처럼 흐르는 물처럼 유유자재하다고 해서 운수납자(雲水衲子)이다. ≪종용록(從容錄)≫ 제9칙(第九則)에 나오는 말이다.

금생 미명심(今生 未明心)

금생에 무명(無明)에서 헤어나지 못하면, 금생에 마음을 밝히지 못하면, 흐르는 물 한 방울도 마시기 어렵다, 물 한 방울도 소화해 내기 어렵다, 하니 무서운 말이다.

名言名句

득지본유(得之本有) 얻었다 한들 본래 있었던 것
실지본무(失之本無) 잃었다 한들 본래 없었던 것.
　　　　　　　　　　　　　　　　　－벽암록(碧巖錄)에서

제 5 과 其二~無明

其二는 自財를 不悋하고 他物을 莫求어다

三途苦上에 貪業이 在初요 六度門中에 行檀이 居首
니라 慳貪은 能防善道요 慈施는 必禦惡徑이니라 如有
貧人이 來求乞이어든 雖在窮乏이라도 無恪惜하라 來無
一物來요 去亦空手去라 自財도 無戀志어든 他物에
有何心이리요 萬船將不去요 唯有業隨身이라 三日修
心은 千載寶요 百年貪物은 一朝塵이니라 頌曰

三途苦本이 因何起오   只是多生 貪愛情이로다

我佛衣盂 生理足커늘   如何蓄積 長無明고

둘째, 자기의 재물을 아끼지 말고 남의 물건을 구하지 말지
니라.

삼악도의 고통 중에는 탐업이 으뜸에 있고 육바라밀의 문중
에는 보시가 첫머리에 놓이느니라. 아끼고 탐내는 것은 능히
선도를 막고 자비로 보시함은 반드시 악도를 방비하느니라.
만일 가난한 이가 와서 구걸하거든, 비록 궁핍함에 있더라도
인색하지 말지니라.

올 적에 한 물건도 없이 오고, 갈 적에 또한 빈손으로 가는 지라, 자기의 재물도 생각하는 뜻이 없거니, 남의 물건에 무슨 마음이 있으리요?

만 가지를 가지고도 가져 가지 못하고, 오직 업만 몸에 따름이 있느니라. 사흘 동안 닦은 마음 천년 가는 보배요, 백년 동안 탐낸 물건 하루 아침 티끌이니라. 송하여 이르되,

삼악도에 받는 고통 무슨 탓인가?
오랜 세월 탐내고 사랑한 정 때문
부처님의 가사 발우로 살 만하거니
어째서 쌓아 두고서 무명만을 기르랴?

탐업재초(貪業在初)

탐업(貪業)은 불교의 근본 교리 가운데 가장 밑바탕이 되는 탐진치(貪瞋癡)의 삼독심(三毒心)의 하나. 삼화(三火)는 중생의 삼독심을 불길에 비유한 말인데 이 불길은 본래 청정한 마음을 혼탁하게 부글부글 끓이기 때문이다.

① 탐화(貪火) : 자기 뜻을 따르는 일체 순경(順境)을 만나, 마치 목마른 사람이 물을 마시듯이 마음껏 취하는 욕심의 불길.

② 진화(瞋火) : 자기 뜻을 거슬리는 역경(逆境)을 만나 일으키는 분노의 불길.

③ 치화(癡火) : 마음이 흐리멍덩하고, 사리를 분명하게 판단하지 못하며, 뒤바뀐 생각으로 헛것을 취하며, 사된 행위를 하는 데서 일어나는 불길.

≪대보적경(大寶積經)≫에서는 말한다.

"내가 중생들을 보니, 세 가지의 뜨거운 불길로 괴로워한다."

탐욕과 분노와 흐리멍덩한 어리석음은 사람에게 있어서 심신을 죽이는 가장 큰 독(毒)이다. 괴로운 생사윤회에서 빠져 나오지 못하게 하며 선근(善根)이 자라지 못하도록 막아서 악의 가장 큰 근원이다.

육도문중(六度門中)

≪화엄경≫에서는 육바라밀에 대한 비유가 있다. 보시(布施)는 유모(乳母)에, 지계(持戒)는 양모(養母)에, 인욕(忍辱)은 장엄구(莊嚴具)에, 정진(精進)은 양육(養育)하는 것에, 선정(禪定)은 세탁에, 지혜는 생모(生母)에 해당한다고 한다.

육바라밀(六波羅蜜)은 갖추어서 말하면, 육바라밀다(六波羅蜜多)이다. 육도(六度) 육도무극(六度無極) 육도피안(六到彼岸) 등 여러 번역이 있다. 바라밀은 이상을 실현하여 완성한다는 뜻.

육바라밀은 대승보살이 실천하는 여섯 가지 덕목이자, 위대한 포부이다.

① 보시바라밀(布施波羅蜜), 또는 시바라밀(施波羅蜜), 단나바라밀(檀那波羅蜜)이라고 한다. 보시에는 재물을 보시하는 재시(財施), 경전을 나눠주거나 법문을 들려주는 법시(法施), 두려움에서 안심시켜주는 무외시(無畏施) 등 세 가지 보시가 있다. 능히 탐심을 다스려서, 빈궁함이 사라지게 한다.

② 지계바라밀(持戒波羅蜜), 또는 계바라밀(戒波羅蜜), 시라바라밀(尸羅波羅蜜)이라고 한다. 계율을 잘 지키면서 자신을 안으로 잘 살핀다. 악업(惡業)을 다스려서 심신을 청량(淸凉)하게 한다.

③ 인욕바라밀(忍辱波羅蜜), 또는 인바라밀(忍波羅蜜), 찬제바라밀(羼提波羅蜜)이라고 한다. 박해를 인내한다. 능히 분노를 다스려서 마음이 안주하게 한다.

④ 정진바라밀(精進波羅蜜), 또는 진바라밀(進波羅蜜), 비리야바라밀(毘梨耶波羅蜜)이라고 한다. 다른 다섯 덕목을 실천할 때에, 앞으로 나아가고 멈추는 법이 없다. 게으름을 다스려서 선법(善法)이 자라게 한다.

⑤ 선정바라밀(禪定波羅蜜), 또는 선바라밀(禪波羅蜜), 선나바라밀(禪那波羅蜜)이라고 한다. 참선수행을 한다. 산란한 마음을 다스려서 마음이 안정되게 한다.

⑥ 지혜바라밀(智慧波羅蜜), 또는 혜바라밀(慧波羅蜜), 반야바라밀(般若波羅蜜)이라고 한다. 능히 흐리멍덩한 어리석음을 다스려서 진실한 지혜를 일깨워 참 생명의 진리를 파악할 수 있도록 한다.

名言名句

불청지우(不請之友)는 보살 수행의 견인차이다. 청하지 않아도 이웃에게 이로운 일이라면 서슴지 않고 솔선 수범한다는 뜻. 이렇기 때문에 청하여 왔을 때에는 망설이지 않고 마치 부모가 돌아가신 일처럼 걷어붙이고 나서는 게 보살행이다.

제6과 其三~歸依

其三은 口無多言하고 身不輕動이어다

身不輕動則息亂成定이요 口無多言則轉愚成慧니라 實相은 離言이요 眞理는 非動이라 口是禍門이니 必加嚴守하고 身乃災本이니 不應輕動이니라 數飛之鳥는 忽有羅網之殃이요 輕步之獸는 非無傷箭之禍니라 故로 世尊이 住雪山하시되 六年을 坐不動하시고 達磨-居少林하사 九歲를 默無言하시니 後來參禪者는 何不依古蹤이리요 頌曰

身心把定 元無動하고　默坐茅庵 絶往來어다

寂寂寥寥 無一事하니　但看心佛 自歸依어다

셋째, 입에는 많은 말을 말고 몸은 가벼이 움직이지 말지니라.

몸을 가벼이 움직이지 않으면 산란함을 쉬어 선정을 이루고, 입에 많은 말이 없으면 어리석음을 돌려 지혜를 이루니라. 진실한 본체는 말을 여의고, 진리는 동하는 것이 아니니라. 입은 이 재화의 문이니, 반드시 엄하게 지켜감을 더하고,

몸은 재앙의 근본이니, 응당 가벼이 움직이지 말지니라.

자주 나는 새는 홀연히 그물에 걸리는 재앙이 있고, 가벼이 걷는 짐승은 화살에 상하는 재화가 없지 않느니라. 그러므로 세존이 설산에 머무르시되, 6년 동안을 앉아 움직이지 않으셨고, 달마 대사가 소림굴에 지내시되, 아홉 해를 침묵해 말이 없으셨으니, 뒤따라 가는 참선자는 어찌 옛 자취를 의지하지 않으리요? 송하여 이르되,

몸과 마음이 정에 들어 움직이지 말고
토굴 속에 묵묵히 앉아 왕래를 끊어라
잠잠하고 고요하여 한 가지 일도 없으니
마음의 부처님 보아 자신에게 귀의하리.

실상이언(實相離言)

돈오요문론(頓悟要門論)에서는 말한다. 실상은 체용(體用), 곧 체성(體性)과 작용(作用) 가운데서 체성(體性)에 해당한다. 불변하는 진리의 실상은 분별이 떨어진 세계. 여기에 반하여 작용은 차별 현상의 구체적인 표현이다.

≪법화문구(法華文句)≫에서는 말한다. 청정함은 본체이고 이름자가 붙은 것은 본체 자취의 작용. 본체에서 자취의 작용을 일어나고 자취의 작용에서 본체로 돌아가기 때문에 체용 불이(體用不二). 본체와 자취는 다르지 않다.

실상(實相)은 범어로, dharmatā · bhūta-tathatā. 원래의 뜻은 본체(本體), 진체(實體), 진상(眞相), 본성(本性) 등이다. 진실하여 헛되지 않은 일체 만법의 체상(體相)이다. 혹은 진실한 이법(理法),

불변의 이(理), 진여(眞如) 법성(法性)이다.

실상은 부처님이 깨달으신 내용으로 자연 그대로의 본연(本然) 진리(眞實). 실상의 다른 이름으로, 일여(一如), 실성(實性), 실제(實際), 진성(眞性), 열반(涅槃), 무위(無爲), 무상(無相) 등 많이 있다.

구마라습 번역에서는 실상은 공(空)의 뜻을 포함하고 있다. 용수보살 이후로 불교 진제(眞諦)의 내용을 강조해온 부분으로, 제법실상(諸法實相)이 대승불교의 상징적인 언어, 곧 법인(法印)이 되었다. 그 이전에 강조되었던 삼법인(三法印 : 無常 · 無我 · 涅槃)에 해당한 말이라면 실상인(實相印)이다.

구시화문(口是禍門)

낙도인지선(樂道人之善)은, 남의 좋은 말을 하는 즐거움을 말한다. 불필요하게 거짓말, 꾸밈말, 이간질하는 말, 악담을 하는 것보다 얼마나 좋은 구업 공덕인가. 구업공양(口業供養)은 불보살의 공덕을 찬탄하면서 나무아미타불을 염송하는 것이고 이로써 구업공덕(口業功德)도 생긴다고 옛사람은 말하였다.

세존 주설산(世尊 住雪山) 육년 좌부동(六年 坐不動)

실제 정진 장소는 전 정각산(正覺山)에서 5,6년 간을 하신 것으로 알려졌다. 설산은 히말라야를 말한다. 출가하여 선지식을 참방하다가 혼자 정진해야 하겠다고 마음을 먹고 찾아간 산은 가야산. 그러나 곧 전 정각산으로 발길을 옮기신다. 왜냐하면, 꿈에 산신이 현몽하여,

"구도자여, 여기는 당신의 인연의 땅이 아닙니다. 다른 곳으로

옮겨가시오."

하였다고 남방 경전에서는 말한다. 그리하여, 니련선하를 건너 전 정각산 석굴 속을 아란야로 정한다.

달마 거소림(達磨 居少林) 구세 묵무언(九歲 默無言)

　달마 대사 역시 소림사 뒷산 달마동굴로 불려지는 석굴에서 지낸 다. 소림사 큰절까지는 대략 30분 거리. 그러나 아주 가파른 산이 다. 세속의 티끌과는 아주 멀리 떨어진 어두운 석굴이라는 게 공통 점이라면 공통점. 깨달음의 산실은 이렇게 어둡고도 조용한 곳이었 고, 묵언(默言)으로 자기 내부 심성을 들여다보며 보낸 6년 혹은 9 년은 인욕 바라밀의 세월이었다.

名言名句

부설 거사(浮雪居士) 사부송(四浮頌) · 둘

조조역역 홍진로(朝朝役役 紅塵路)
아침마다 날고 뛰듯 세상 속을 헤쳐 와서
작위재고 이백두(爵位纔高 已白頭)
이제 겨우 高位인데 머리는 백발이네
염왕불파 패금어(閻王不怕 佩金魚)
염라왕은 金魚도 겁을 내지 않나니
사량야시 허부부(思量也是 虛浮浮)
생각하면, 이 또한 허허 무상 무쌍하구나.

(頭, 浮가 韻)

제7과 其四~祖關

其四는 但親善友하고 莫結邪朋하라

鳥之將息에 必擇其林이요 人之求學에 乃選師友니
擇林木則其止也安하고 選師友則其學也高니라 故로
承事善友를 如父母하고 遠離惡友를 似冤家니라 鶴無
烏朋之計어니 鵬豈鷃友之謀리요 松裏之葛은 直聳千
尋이요 茅中之木은 未免三尺이니 無良小輩는 頻頻脫
하고 得意高流는 數數親이어다 頌曰

住止經行 須善友하야　　身心決擇 去荊塵이어다
荊塵掃盡 通前路하면　　寸步不離 透祖關하리라

넷째, 다만 선우(善友)만을 사귀고 사된 벗은 맺지 말지니라.
새가 장차 쉬려고 함에 반드시 그 숲을 가리고, 사람이 배움
을 구함에 스승과 벗을 가리나니, 그 숲 속의 나무를 가리면
그 머무름이 편안하고, 스승과 벗을 가리면 그 배움이 높아지
느니라.

그러므로 선우(善友)를 받들어 섬기기를 부모와 같이 하고,
악우(惡友)를 멀리 여의기를 원수 맺은 집처럼 할지니라. 학

은 까마귀와 벗삼을 계책이 없거늘, 붕새가 어찌 뱁새와 벗할 계략이 있으랴?

소나무 속에 자란 칡은 바로 천 길을 솟고, 띠풀 속에 선 나무는 석 자를 면치 못하나니, 불량한 소인배는 자주자주 벗어나고 뜻을 얻은 고덕(高德)은 자주자주 친할지니라. 송하여 이르되,

가고 오고 머물 적에 선우(善友)를 모셔
신심을 결택하여 가시덤불 없애라
가시덤불 다 쓸어서 앞길을 트면
한 발짝 떼지 않고도 조사 관문 뚫으리.

선우(善友)

선도(善道)를 장애 하는 아홉 가지 내용의 구장애법(九障礙法)이 수호국계주 다라니경(守護國界主 陀羅尼經)에 나와 있다. 이 가운데 세 가지는 삼세(三世) 선우를 미워한 과보가 도를 장애하는 큰 원인이라고 지적한다.

• 과거증아선우(過去憎我善友) : 과거에 나의 선우를 미워한 것.

• 현재증아선우(現在憎我善友) : 현재에 나의 선우를 미워하고 있는 것.

• 미래증아선우(未來憎我善友) : 미래에 나의 선우를 미워하는 것.

선우는 정직(正直)하여 덕행이 있는 벗. 사분율(四分律)에 나와 있는 선우의 구체적인 내용은 보살이 세간에 시현(示現)하여 중생을 이롭게 하는 일곱 가지 일로 선우칠사(善友七事). 여기에서, 중생을 이롭게 하는 자비심을 선우에게 특별히 강조하여 높이 산다.

① 조고불사(遭苦不捨) : 보살의 자비심이다. 육도 중생이 여러 가지로 고통을 받는 걸 연민히 여겨서 여러 변화된 모양으로 나타나서 고뇌에서 벗어나도록 돕는다. 중생의 고통을 대신 받을 때에는 그 고통을 피하지도 않는다.

② 빈천불경(貧賤不輕) : 보살의 평등심이다. 중생이 비록 공덕이 없는 걸 보더라도, 중생이 본래 갖춘 법신인 줄 알아, 진실로 덕을 다 갖춘 줄 안다. 이런 까닭에 마음에는 항상 사랑으로 가득 차 있고 중생을 가벼이 내려다보는 마음이 없다.

③ 밀사상고(密事相告) : 중생에게 본성(本性)이 원명(圓明)함을 비밀히 알려준다. 설사 중생이 번뇌에 싸여 어리석은 일을 하더라도 서로 깨우쳐서 본성을 깨닫도록 돕는다.

④ 체상복장(遞相覆藏) : 중생 선근(善根)이 번뇌에 덮여서 아직 미숙함을 알려준다. 중생이 진실한 도를 깊이 믿지 아니하더라도 여러 방편법을 써서 선근이 성숙할 때를 기다리며, 그리하여 진여실상이 드러나도록 한다.

⑤ 난작능작(難作能作) : 하기 어려운 일을 능히 하여 중생을 유도해 끌어들인다. 그러기 위해서는 중생이 어려움에 처해 있을 경우 모두 걷어붙이고 나서는데, 예컨대 지금 옷을 입은 채 맨손으로 똥 오줌을 치운다고 하더라도 망설이지 않는다.

⑥ 난여능여(難與能與) : 주기 어려운 것, 금은 보화 등을 흔연하게 내주어서 진리를 몸소 깨닫게 한다. 방편으로 중생을 교화하는 데서 마음속에는 전혀 아깝다거나 후회하는 생각이 없다.

⑦ 난인능인(難忍能忍) : 참기 어려운 것을 능히 참는다. 중생이 악업을 지어 악도에 떨어짐을 보고는 곧 자신의 일처럼 슬픈 생각

을 낸다. 방편을 써서 악도에서 벗어나게 하는데에는 시간이 아주 오래 걸리더라도 물러나는 법이 없다.

조사관(祖師關)이란 말이 문헌으로 처음 나타난 곳은, 1229년 1월 5일 황제의 천기성절(天基聖節)을 맞아, 성수 무강을 빌기 위해 찬술 간행된 선서인 무문관제일칙(無門關第一則). 이로써, 조사관이란 말이 우리나라 선종 사찰에서 두루 쓰여진 시기는 신라시대나 고려 초기는 너무 이르고, 몽고족인 원나라가 우리나라에 침공한 시기, 즉 고려 중엽에서 말기가 마땅하다. 대덕 종진(宗眞) 화상의 공과로써, 이 무렵에 살았던 야운 스님, 곧 권단(權㫜)이란 분이 ≪자경문≫의 저자란 말에는 강한 설득력 있다.

조사관(祖師關)

조사관(祖師關)은 조사(祖師)가 반드시 통과해야 하는 관문(關門)으로 화두(話頭) 역시 관문의 하나이다. 만일 이 관문을 통과하지 않으면 조사(祖師)라고 할 수 없는 것이다.

이 관문을 뚫어서 비로소 마음 길[心路]이 끊어진 미묘한 깨달음[妙悟]을 얻고 역대 조사들과 손을 맞잡으며 조도(祖道)의 길을 함께 걸을 수 있는 것이다.

조사선(祖師禪)

조사선(祖師禪)은 남종선(南宗禪)을 가리키는데 여래선(如來禪)이란 말과 상대되는 말이다. 특히 선종에서는 선종 초조(禪宗初祖) 달마(達磨) 스님 이래 육조 혜능(六祖慧能) 스님에 이르러서 이후 가히 선종의 황금시대라고 일컫는 오가칠종(五家七宗)의 기라성 같은 선사가 쏟아져 나온 선을 가리킨다.

선의 특성은 장경(藏經)에 의지하는 교종과는 다르다. 불립문자(不立文字)로서 교외별전(敎外別傳)이란 말로 표현하는데, 언어 문자에 의존하지 않고[不依言語] 직접 선지식인 사부(師父)가 제자에게 전급(傳給)하는 방법으로, 조조상전(祖祖相傳)이다. 이와 같이 조사가 직접 제자의 견성성불(見性成佛)을 알아차리고 마음에서 마음으로 바로 전하여 인가하는 까닭에 조사선(祖師禪)이다.

특이하게 ≪선원제전집도서(禪源諸詮集都序)≫에서 종밀(宗密) 스님은 선정 삼매로 얻은 바의 깊고 낮음에 따라 다섯 종류로 선을 나누었다.

① 외도선(外道禪) : 유무(有無)에 집착한 외도는, 진성(眞性) 근본의 입장에서는 불구부정(不垢不淨)하여 범부와 성인의 차이가 없지만 선(禪) 수행의 입장에서는 유천유심(有淺有深)의 단계가 있다고 계교하여 위 깊음을 좋아하고 아래 낮음을 싫어하여 수행한다.

② 범부선(凡夫禪) : 인과(因果)를 믿어서 마음에 좋아함과 싫어함을 남겨두고 수행한다.

③ 소승선(小乘禪) : 아공(我空)의 한쪽 진리(眞理)를 깨달아 수행한다.

④ 대승선(大乘禪) : 아공(我空) 법공(法空)의 2공을 깨닫고 진리를 드러내서 수행한다.

⑤ 최상승선(最上乘禪) 또는 여래선(如來禪) : 불경의 뜻과 같이, 자기 마음이 본래 청정하여 원래 번뇌가 없으며 무루(無漏)의 지성(智性)이 본래부터 갖추어져 있음을 헤아려서, 이 마음이 바로 부처라는 입장에서 수행한다.

선종 스님들은 최상승선만이 달마(達磨) 스님이 전한 선(禪)이고 그 외는 달마 스님이 전한 선이 아니라고 주장한다. 따라서 종밀 스님의 다섯 종류 선에서 여래선이란 말은 최상승선이란 말로 쓰일 수가 없다고 한다. 다섯 종류의 선은 다섯 종류의 맛이 뒤섞인 잡된 선이라는 혹평을 한다. 아직도 알음알이인 의리(義理) 명상(名相)에 걸려 있는 오염된 여래선과 달마 스님이 전한 청정(淸淨)한 선과의 차이는 크다.

처음 여래선이란 말은 앙산 혜적(仰山慧寂) 스님으로부터 비롯된다. ≪경덕전등록(景德傳燈錄)≫ 권십일 앙산 혜적장(仰山慧寂章)에 나온다.

앙산 스님이 향엄 스님에게 묻는다.

"사제의 견처(見處)가 요즘 어떻지?"

향엄(香嚴) 스님이 대답한다.

"제가 갑자기 말을 할 수가 없습니다." 하고 게송을 지었다.

거년빈 미시빈(去年貧 未是貧) 작년 가난은 가난이 아니었다

금년빈 시시빈(今年貧 是始貧) 금년 가난이 진짜 가난

거년빈 무탁추지(去年貧 無卓錐地) 작년 가난에는 송곳 꽂을 땅이 없었는데

금년빈 추야무(今年貧 錐也無) 금년 가난에는 꽂을 송곳조차 없어라

앙산 스님이 말하였다.

"넌, 여래선을 얻었지, 아직 조사선을 얻지 못했어."

제8과 其五~自明

其五는 除三更外에 不許睡眠이어다

曠劫障道는 睡魔莫大니 二六時中에 惺惺起疑而
不昧하며 四威儀內에 密密廻光而自看하라 一生을 空
過하면 萬劫에 追恨이니 無常은 刹那라 乃日日而驚怖
요 人命은 須臾라 實時時而不保나라 若未透祖關인댄
如何安睡眠이리요 頌曰

睡蛇雲籠 心月暗하니   行人到此 盡迷程이로다
箇中에 拈起 吹毛利하면 雲自無形 月自明하리라

다섯째, 삼경(亥·子·丑·三時)을 제외한 그 밖의 시간에
는 수면을 허용하지 말지니라.

오랜 겁에 도의 장애는 수마(睡魔)보다 큰 것이 없으니, 24
시간 동안에 성성하게 의심을 일으켜 흐리지 말며, 사위[行住
坐臥]의 안에 밀밀히 빛을 돌이켜 스스로를 볼지니라. 일생을
헛되이 보내면 만 겁에 뒤쫓아 한하리니, 무상은 찰나라, 이
에 날마다 놀라 두려워하고, 사람의 목숨은 수유라, 실로 시
간시간을 보증할 수 없느니라. 만약 조사관(祖師關)을 뚫지
못한다면 어찌 편안히 수면하리요. 송하여 이르되,

수사(睡蛇)에 구름이 끼매 마음 달 어둡고
행인이 여기에 와서 갈 바를 몰라라
이 속에 취모리(吹毛利)를 빼어 들면
구름은 간 데가 없고 달빛만이 밝으리.

제삼경외(除三更外) 불허수면(不許睡眠)

해시(亥時, 21~23시) 자시(子時, 23~01시) 축시(丑時, 01~03)
등 3경 이외에는 잠을 자지 말라.

광겁장도(曠劫障道) 수마막대(睡魔莫大)

좌선에서 선정 삼매가 이뤄질 수가 있는 가장 이상적인 분위기는
혼침(昏沈)과 번뇌 망상, 무기(無記) 이 세 가지를 벗어난 상태이
다. 혼침은 잠이고 번뇌 망상은 화두 이외의 딴생각이고 무기는 마
취나 동면(冬眠), 가사(假死) 상태 등에서 볼 수가 있는 무의식에
가까운 흐리멍덩하면서 무선무악(無善無惡)한 상태이다.

수면(睡眠)은 범어 middha. 심소(心所, 心의 作用)의 이름. 구사
(俱舍) 75법의 하나이고 유식(唯識) 100 법의 하나. 과도한 수면은
선심(善心)을 장애(障礙)한다고 경계한다.

마음 가운데 흐리멍덩한 수면 상태는 맑게 깨어 있는 상태와 비
교한다. 실신과 무의식과는 다르며, 한편으로는 휴식(休息)의 동
의어.

수면욕(睡眠欲)은 오욕(五欲)의 하나. 또는 욕계(欲界) 삼욕(三欲)
의 하나. 범부가 정진을 하지 않을 때에 게으름에 떨어져 수면을
탐착하게 된다. [대명삼장 법수 권 이십사]

수면개(睡眠蓋)는 수면 번뇌의 다른 이름이며 수면과 혼침은 같이 쓴다.

중생이 수면번뇌(睡眠煩惱) 혹은 혼침이 심식(惛沈覆心識)을 덮은 까닭으로 선법(善法)에 나아가지 못하고 도리어 삼계 윤회에 빠져서 벗어날 기약이 없다. 그런 까닭에 덮게란 표현을 쓴다. [잡아함경 권 이십육, 대비파사론 권 사십팔]

옛날 사람들이 잠을 쫓기 위해서 쓴 혹독한 방법이 있다. 송곳을 턱 밑에 세우고 좌선을 하였는가 하면 송곳으로 무릎을 찌르면서 깨어나기도 하였다. 겨울에는 얼음장을 깨고 그 속에 뛰어들거나 폭포수 아래에 서서 쏟아지는 물을 맞는 방법을 쓰기도 하였다. 마을에서는 육경신(六庚申)이 있다. 잠 귀신에게 일단 승리한 사람이 도를 이룬다고 하여 경신일 날에는 24시간 동안 잠을 자지 않고 지내기를 여섯 차례 한다. 제갈공명·강태공 등 기인들의 일화.

성성기의(惺惺起疑)

성성하게 화두(話頭)를 든다는 뜻. 화두(話頭)에 의심을 일으켜 의단(疑團)을 키운다. 이때 주의할 점은 고요한 가운데 깨어 있다는 말로 성성적적(惺惺寂寂)이 있다. 들떠서 소란스럽게 화두를 든다는 말이 아니다. 왜냐하면, 선정 삼매는 유심처(有心處)가 아니고 무심처(無心處)이기 때문이다.

개중(箇中) 염기취모리(拈起吹毛利)

취모리(吹毛利)는 날카로운 칼날을 말한다. 칼날 위에다가 털을 올려놓고 입으로 훅 불면은 그 털이 끊어질 정도로 매우 날카롭다.

여기 쓰는 털은 그냥 털이 아니고 네 계절 중 가장 섬세한 짐승의 가을 털을 쓸 정도이다.

지혜(智慧)에 비유한 말. 잠이 마구 쏟아져 정신이 흐리멍덩할 때에 날카로운 칼날을 보고 정신을 바짝 차리는 것처럼 깨어난다는 말이다.

옛날 날카로운 칼 이름을 취모검(吹毛劍)이라고도 했다.

밀밀회광이자간(密密廻光而自看)

회광반조(廻光返照)는 선림용어(禪林用語). 혹은 회광반조(廻光反照)이다. 홀연 고개를 돌려 바로 자기 마음속에 자리한 신령스러운 성품[靈性]을 보는 걸 가리킨다. 이건 언어문자에 의지하지 않고, 자기 내면세계를 회고반성(回顧反省)하기 까닭에, 바로 직지인심(直指人心) 견성성불(見性成佛), 조고각하(照顧脚下)란 말뜻과 같다.

≪임제록(臨濟錄, 大 四七 · 五〇二 上)≫에서 말한다.

"너는 언하(言下)에 문득 스스로 회광반조(廻光返照)할 일이지, 다시 딴 데서 구하지 말라. 이 신심(身心)은 불조(佛祖)의 신심(身心)과 한치도 틀리지 않으니 그런 줄을 알아야 하느니라."

≪경덕전등록(景德傳燈錄, 卷三十)≫ 석두 초암가(石頭草庵歌, 大五一 · 四六一下)에서 말한다.

"이 암자에 머물며, 알음알이를 쉬는데, 누가 감히 시장거리 자리를 펴서 사람을 매도하려고 하겠느냐? 회광반조(廻光返照)하여 바로 돌아가라. 신령스러운 근기[靈根]를 확철대오 하는 건 밖을 향해 좇아서 될 일이 아니니라."

또 회광반조(廻光返照)는 해가 떨어질 무렵 석양이 반사되는 모습을 말하는데, 여기서 뜻이 변하여, 사람이 중병에 걸려 임종 직전에 왔을 때에, 홀연 여력의 생명력이 발휘하여 정신이 한 순간 왕성해진 상태를 말한다.

다음은 출가자와 재가자의 구별이 없이 화두 참선자로서, 회광반조하는 일에 대한 만공(滿空) 스님의 발심 법문이다.

• 장맛이 짠 줄 아는 사람은 다 공부를 할 수가 있다.

• 공부를 잘하고 못하고 하는 문제보다는, 이 공부밖에 할 일이 없다는 결정적인 신심(信心)부터 세워야 한다.

• 선방만 선방이 아니다. 참선하는 사람은 각각 자기 육체가 바로 선방이다. 이런 선방에 상주하는 것이, 행주좌와 어묵동정, 오고 가고 앉고 눕고, 말하고 침묵하는 때에도 조그마한 틈이 없이 정진을 할 수가 있는 것이다.

• 변소에 앉아 있는 동안처럼, 자유롭고 한가한 시간이 없다. 이 때만이라도 일념 화두를 든다면 견성(見性)을 할 수가 있다.

• 공부가 잘 안 되는 것은 전생(前生)의 빚을 지닌 탓이다. 그 빚을 갚아야 공부를 잘 할 수가 있다.

• 세상에는, 나를 알아보느니, 나를 찾아보느니, 하는 말과 문구는 있으나, 업식(業識)으로 아는 나를 생각할 뿐이요, 정말 나는 어떤 것인지 상상조차 하지 못한다.

• 꿈이라 하는 것은 업신(業身)의 동작인데, 깨어 있을 때는 생각만으로 헤아리다가 잘 때 업신이 제 몸을 나타내어 육신이 하는 행동을 짓는 것이다.

• 공부인(工夫人)이 ‘공부를 아니하는 공부’를 해야 하는데, ‘공

부를 아니하기'가 공부를 하기보다 어렵다.

• 공부 과정에는 지무생사(知無生死), 계무생사(契無生死), 체무생사(體無生死), 용무생사(用無生死) 네 단계가 있다.

• 백년 연구한 것은 일분 간 무념처(無念處)에서 얻은 공부만 못하다.

• 신심(信心) · 분심(忿心) · 의심(疑心) 이 세 마음을 합해야 공부를 성취한다.

• 도반의 감화력은 선생의 가르침보다 강하다.

• 세상의 학문은 당시 그 몸의 망상에서 일시의 이용으로 끝나고 말지만, 참선학(參禪學)은 세세생생(世世生生)에 어느 때, 어느 곳, 어느 몸으로, 어느 생활을 하든지 구애됨이 없이 활용되는 학문이다.

• 참선을 한다고 하면서 조금이라도 다른 데 미련이 남아 있거나, 인간으로서의 자랑거리인 학문이나, 기이한 재주 등 무엇이라도 남아 있다면 참선하기는 어려운 사람이니, 아주 백지로 돌아가야 한다.

• 예전에는 선지식의 일언지하(一言之下)에 돈망(頓忘) 생사(生死) 하는 이도 있고, 늦어야 3일, 7일에 견성(見性)한 이도 많다는데, 지금 사람들은 근기도 박약하지만 참선을 부업(副業)으로 해가기 때문에 20년, 30년 공부한 사람이 불법의 대의(大義)를 모르는 이가 거의 전부이다.

• 한 생각이 일어날 때 일체가 생기고, 한 생각이 멸할 때 일체가 멸한다.

내 한 생각의 기멸(起滅)이 곧 우주의 건괴(建壞)요 인생의 생사(生死)이다.

제9과 其六~不窮

其六은 切莫妄自尊大하고 輕慢他人이어다

修仁得仁은 謙讓이 爲本이요 親友和友는 敬信이 爲宗이니라 四相山이 漸高하면 三途海-盆深하나니 外現威儀는 如尊貴나 內無所得은 似朽舟니라 官盆大者는 心盆小하고 道盆高者는 意盆卑니라 人我山崩處에 無爲道自成하나니 凡有下心者는 萬福이 自歸依니라 頌曰

憍慢塵中 藏般若요　　我人山上 長無明을
輕他不學 躘踵老하면　病臥辛吟 限不窮하리라

여섯째, 망령되이 스스로 존대한 척하고 남을 업신여기지 말지니라.

인(仁)을 닦고 인을 얻음은 겸양이 밑천이요, 벗을 사귀고 벗과 어울림은 공경과 신의가 으뜸이니라. 사상산(四相山)이 점점 높아지면 삼악도의 바다는 더욱 깊으리니, 밖으로 나타낸 위의는 존귀한 듯하나, 안으로 소득이 없음은 썩은 배와 같느니라.

벼슬이 더욱 큰 이는 마음이 더욱 작고, 도가 더욱 높은 이는 뜻이 더욱 낮느니라. 인아산(人我山)이 무너지는 곳에 무위(無爲)의 도가 저절로 이루어지나니, 무릇 하심(下心)함이 있는 이는 만복이 스스로 귀의하느니라. 송하여 이르되,

교만한 티끌 속에 반야는 묻히고
인아산(人我山) 위에 무명만 자라네
저 잘난 체 안 배우고 늙어진 뒤에
병 들어 누운 자리에 한탄만이 있으리.

사상산(四相山) 점고(漸高)

사상은 구마라습 번역본 ≪금강반야바라밀경≫에서 나오는 중생의 번뇌 용어. 중생은 착각으로 집착하는 네 종류 상(相)이 있다.

① 아상(我相) : 중생이 오온(五蘊) 법 중에서 어리석게 '나' 라는 주체와 '나' 라는 객체 소유가 실제 있는 것으로 착각하는 것을 말한다. 예를 들면, 업식(業識)으로 아는 '나' 를 '참 나' 로 착각해서 아는 일이다.

② 인상(人相) : 중생이 어리석게 '나' 라는 게 있는 걸로 알고, 다시 인도(人道)의 사람이 실제 있어 이건 다른 천상계나 축생류 등 5도와 다른 것으로 착각해서 아는 일이다.

③ 중생상(衆生相) : 중생이 오온(五蘊) 법 중에서 어리석게 '나' 라는 것은 인연의 가화합(假和合)일 뿐인데 색수상행식(色·受·想·行·識) 오온(五蘊)이 실제 화합해서 생긴 것으로 착각해서 아는 일이다. 또한 스스로를 돌아보고 한탄해서, 말하기를, 나는 망상번뇌가 떠나지 않은 중생이구나, 하고 자책하는 등.

④ 수자상(壽者相) : 중생이 오온(五蘊) 법 중에서 어리석게 나라는 것은 생사의 기간으로 일정한 수명을 받는 걸로 착각해서 아는 일이다. 그런 까닭에 수명의 장단이 있어 사람마다 수명이 다르다고 생각한다.

무위도자성(無爲道自成)

무위(無爲, 梵語 asaṃskṛta)는 유위(有爲)의 반대말로 무조작(無造作)의 뜻. 인위적인 조작이 아니고 생멸과 변화를 떠난 자연 절대 경지의 진리.

무위법(無爲法, 梵語 asaṃskṛta-dharma)이나 무위도는 같은 말이나, 구별하면 무위법은 인도 불교쪽 말이고 무위도는 중국 불교쪽 말이다. 법과 도는 인도 불교와 중국 불교의 성격을 나타낸 말이다.

무위는 본래 열반의 다른 말이었다. 후세에 여러 용어로 쓰이는데 진여(眞如) 법성(法性) 법계(法界) 실상(實相) 등은 다 무위법(無爲法)을 가리킨다.

교만진중 장반야(憍慢塵中 藏般若)

상대를 떠난 언어 반야(般若, 梵語 prajñā)란 말의 번역은 중국말이나 우리말로 할 수가 없다. 왜냐하면, 상대언어인 까닭이다. 부득이 예지·혜(慧)·지혜(智慧)·명(明) 등으로 번역해서 쓰고 있다. 그러나 역시 지혜란 말에도 어리석음이란 상대어가 전제되는 까닭에 적합하지 않다. 시작과 끝이 없는 완성된 하나의 원과 같이 선악·시비·생사·시종·미추·장단 등이 다 없는 절대세계를 표현한 언어이다.

반야를 통해서 부처가 탄생하기 때문에, 반야의 공덕을 높여서 제불의 어머니[諸佛之母]라고 부른다. 육바라밀 가운데서도 반야바라밀이 으뜸이다.

아인산상 장무명(我人山上 長無明)

무명(無明, 梵語 avidyā, 巴利語 avijjā)은 번뇌의 별칭(別稱). 무명에서 12연기가 벌어진다. 생각 견해가 바르지 못하여 중생의 근본 원인이 된다. 무지(無智) 우매(愚昧) 우치(愚癡)는 정견을 얻지 못한 데서 오는 결과이다. 유식종에서 무명은 심소(心所, 心의 作用)의 하나로 취급한다.

名言名句

부설 거사(浮雪居士) 사부송(四浮頌) · 셋

금심수구 풍뢰설(錦心繡口 風雷舌)
능란한 말솜씨로 풍우 우레 부르고
천수시경 만호후(千首詩輕 萬戶候)
시 구절 천 편으로 만호 제후 조롱해도
증장다생 인아본(增長多生 人我本)
여러 생애 아상을 키우는 근본이라
사량야시 허부부(思量也是 虛浮浮)
생각하면, 이 또한 허허 무상 무쌍하구나.

(候, 浮가 韻)

제10과 其七~萬般

其七은 見財色이어든 必須正念對之어다

害身之機는 無過女色이요 喪道之本은 莫及貨財니라 是故로 佛垂戒律하사 嚴禁財色하사대 眼睹女色이어든 如見虎蛇하고 身臨金玉이어든 等視木石하라 하시니 雖居暗室이나 如對大賓하고 隱現同時하며 內外莫異어다 心淨則善神이 必護하고 戀色則諸天이 不容하나니 神必護則雖難處而無難이요 天不容則乃安方而不安이니라 頌曰

利慾閻王 引獄鎖요　　淨行陀佛 接蓮臺니라

鎖拘入獄 苦千種이요　　船上生蓮 樂萬般이니라

일곱째, 재물과 여색을 보면 반드시(모름지기) 정념으로 대할지니라.

몸을 해치는 기틀은 여색보다 더함이 없고, 도를 망치는 근본은 재화에 미침이 없느니라. 이런 까닭으로, 부처님이 계율을 내려 재색을 엄금하시기를,

"눈으로 여색을 볼 적에는 범과 독사를 보듯이 하고, 몸이

금옥이 있는 곳에 임하거든 목석을 보는 것과 같이 하라.”
하셨으니, 비록 어두운 방에 있더라도 큰 손님을 대한 듯이
하고 같이 하여 은현(隱現)에 때를 같이 하며, 내외를 달리하
지 말지니라.

마음이 깨끗하면 선신(善神)이 반드시 수호하고, 여색을 생
각하면 모든 하늘 신이 용납하지 않느니라. 신장이 수호하면
험난한 곳에서도 어려움이 없고, 하늘 신이 용납하지 않으면
편안한 곳이라도 불안하느니라. 송하여 이르되,

탐욕은 염라대왕이 옥으로 끌어 잠그고
청정한 행은 아미타불이 연화대로 모시네
고랑 차고 지옥 가면 고통이 천 가지
배를 타고 가서 연꽃에 나면 복락이 만 가지.

심정즉선신(心淨則善神)

외부의 신을 인정하지 않는 게 불교의 특징. 따라서 신은 마음의
갈등의 표현이며, 긍정적인 면과 부정적인 면이 서로 갈등을 낳는
것이다. 자기 마음이 자신에게 용기를 주는 긍정적인 면이 선신으
로 표현되고 용기를 꺾는 부정적인 면이 악신으로 표현된다.

정행타불 접연대(淨行陀佛 接蓮臺)

아미타불은 보신불의 하나. 법신불과 화신불 이외 모든 보살과
부처는 보신불이다. 쉽게 비유하면, 하늘에 뜬 천월(天月)이 법신
불, 물 위에 비친 수월(水月)이 화신불, 달빛은 보신불이다.

이 삼신불(三身佛) 사상은 대승 불교의 기틀이 된다. 말하자면,

보살의 위치를 확고하게 마련되는 데에 공헌하였기 때문이다. 보살은 부처가 아니고, 그렇다고 출가 비구도 아닌 위치인데, 법신불이 화신불로 나투는 중간 과정인 보신불 위치로 굳게 다져진다.

연화(蓮華, 學名 Nelumbo nucifera)는 인도의 나라꽃이고 불교의 상징화. 부처님과 보살의 좌대(座臺)이면서 그대로 불보살을 상징한다. 연화(蓮花)로도 쓴다.

연꽃은 여러 가지 의미가 있다. 진흙탕 속에 뿌리를 내리고 통상 여름철에 맑고 향기로운 꽃을 피운다. 우선 여기서 상징하는 의미는, 더러운 진흙탕 속에서 자라지만 더러움에 물들지 않고, 오히려 맑고 향기로운 꽃을 피우는 그 고결한 기품에, 사바의 고뇌 속에서 사는 중생이 고뇌에 흔들리지 않고 보살 수행을 통해서 깨달음을 성취한다는 교훈이다.

인도에서는 옛부터 진기한 꽃으로 여겨 왔다. 인도사시(印度史詩) 마하바라다(摩訶婆羅多, 梵語 Mahābhārata)에 의하면, 천지가 개벽할 때에 비쉬누 신의 배꼽 한가운데서 연꽃이 피어났다. 이 연꽃 가운데에는 범천(梵天)이 있었는데 결가부좌(結跏趺坐)를 하고 앉아 만물을 창조하였다, 라고 한다.

인도에서 연화는 크게 둘로 나눈다.

① 발두마화(鉢頭摩華, 梵語 padma, 巴利語同. 學名 Nymphaea alba) 연화(蓮華). 번역하면 적연화(赤蓮華) 홍련화(紅蓮華) 적황련화(赤黃蓮華). 색깔은 붉은 꽃과 흰 꽃 두 종류가 있다.

② 우발나화(優鉢羅華, 梵語 utpala, 巴利語 uppala. 學名 Nymphaea tetragona) 수련(睡蓮). 번역하면 청련화(靑蓮華). 색깔은 청색·적색·백색 등. 그 중 청색 꽃이 일반적으로 알려져 있

다. 경전에서는, 미묘한 불안(佛眼) 모습을 우발나화로 형용한다.

이외에, 구물두화(拘勿頭華, 梵語 kumuda) 등이 많다. 번역하면 백련화(白蓮華). 흰색·붉은 색의 수련(睡蓮).

연화십유(蓮華十喩)

제개장 보살 소문경(除蓋障菩薩所問經, 卷九)에 따르면, 연화는 더러운 진흙탕 속에서 자라지만 더러움에 물들지 않고 미묘한 향기가 널리 퍼지기 때문에 보는 사람들이 희열(喜悅), 길상(吉祥)을 느낀다. 연꽃의 이러한 공덕과 보살 수행의 빼어남을 비교한 열 가지 선법(善法)이 있다.

선상생련 낙만반(船上生蓮 樂萬般)

반야용선(般若龍船)으로 극락 세계에 올라가서 연화대에 태어나면 복락이 만 가지.

名言名句

바다 속에서 자라는 진주(眞珠)조개는 홀연 몸에 상처를 입고 그 아픔을 이겨내기 위해 몸부림친다. 이때 그 영광의 훈장이 보배 진주로 탄생한 것. 만일 상처를 입지 않고 자란 평범한 진주조개는 아픔을 느끼지 못한 대신 진주도 얻지 못한다.

제11과 其八~師禪

其八은 莫交世俗하야 令他憎嫉이어다

離心中愛曰沙門이요 不戀世俗曰出家니라 既能割
愛揮人世어니 復何白衣로 結黨遊리요 愛戀世俗은
爲饕餮이니 饕餮은 由來로 非道心이니라 人情이 濃厚
하면 道心疎니 冷却人情永不顧니라 若欲不負出家
志ㄴ댄 須向名山窮妙旨호되 一衣一鉢로 絶人情하고
飢飽에 無心하면 道自高니라 頌曰

爲他爲己 雖微善이나   皆是輪廻 生死因이니라
願入松風 蘿月下하야   長觀無漏 祖師禪이어다

여덟째, 세속을 교통하여 타인이 미워하게 하지 말지니라.
마음속에 사랑을 여읜 것을 '사문'이라 하고, 세속을 생각
하지 않는 것을 '출가'라고 하느니라. 이미 능히 사랑을 끊
고 인간 세상을 뿌리쳤거니, 다시 어찌 백의(白衣)들과 결당
하여 놀겠는가? 세속을 연연함은 도철(饕餮)이라 하니, '도
철'은 본디부터 도심(道心)이 없느니라.
인정이 짙으면 도심이 성기나니, 인정을 차갑게 하여 영영

돌아보지 말지니라.

만일 출가의 뜻을 저버리지 않으려면, 모름지기 명산을 향하여 가서 묘한 이치를 궁구하되, 가사 한 벌 발우 하나로 인정을 끊어버리고, 배부름과 고픔에 무심하면 도가 자연히 높아지니라. 송하여 이르되,

나와 남을 위한 일 착하다 해도
생사 윤회의 원인 되나니
솔바람 칡덩굴 달빛 아래서
고요히 화두를 들고 참선하게나.

도철 유래 비도심(饕餮 由來 非道心)

≪산해경(山海經)≫에는 용을 비롯한 여러 상상 동물이 한량없이 많이 쏟아져 나온다. 중국의 문호 노신 선생은 어려서 ≪산해경≫을 읽고 문학의 꿈을 키웠다고 술회한다. 중국 역사의 정사와 야사는 낮의 역사이고, ≪산해경≫은 밤의 역사라 할 만큼 비중이 있는 책이다.

도철은 상상의 탐욕스런 동물의 하나. 몸은 양의 몸이고, 얼굴과 손톱은 사람의 얼굴과 손톱, 이빨은 호랑이 이빨, 눈은 겨드랑이에 붙어 있다. 음성은 어린아이 음성이고 탐욕스런 성격으로 먹고 또 먹기만을 계속하는데 결국은 먹다가 끝장내고 만다.

일의일발(一衣一鉢)

출가 장부의 소박한 살림살이를 말하며 보통은 삼의일발(三衣一鉢)이란 말을 쓴다. 대의 · 중의 · 소의 등 세 벌 출가복장과 공양그

릇인 발우 하나를 가리킨다.

위타위기 수미선(爲他爲己 雖微善) 개시윤회 생사인(皆是輪廻 生死因)

불교의 근본정신은 불사선 불사악(不思善 不思惡)이다. ≪육조단경≫에서 육조 혜능 스님의 최초 사자후로 기록되어 있다.

① 선악의 두 상대 개념에서 벗어난 절대의 경지를 가리킨다.

② 선악 이견(善惡二見)을 뛰어넘어 절대 유일의 생각에 머물러 있음을 가리킨다.

불사 선악자(不思善惡者) 선악을 생각하지 말라는 건

불공 망선악위(不空亡善惡謂) 선악에 대해서 흐리멍덩하라는 건 아니다

오달 선악 실성(悟達善惡實性) 선악의 실성을 깨닫고 나서도

즉기성 유불사(則其性唯不思) 그 깨달음에 생각지 않나니

선악본비물고(善惡本非物故) 선악은 본래 집착할 수 없는 것이기에

기체불사(其體不思) 선악 자체에 대해선 아예 생각을 두지 말라

절대선 절대악(絕對善 絕對惡)의 뜻의 풀이로, 지월 혜인 스님(指月慧印, 日僧, 1689~1764)의 좌선용심 기불능어(坐禪用心記不能語)에 나오는 구절이다.

③ 선종 공안(禪宗公案)의 하나로 육조 혜능(六祖慧能) 스님, 당시 노 행자의 법문으로 몽산 혜명(蒙山惠明) 스님이 깨달음을 얻은 문답.

≪무문관(無門關, 第二十三則)≫ 구절은 다음과 같다.

육조 스님이 대유령에서 명(明) 상좌의 추격을 받았을 때의 일이다. 발우와 가사를 바위 위에 올려놓고 육조 스님이 숨자, 명 상좌는 발우와 가사를 가져가려고 애를 썼으나 불가능했다. 바위에 붙어서 요지부동이기 때문이다. 홀연 정신을 차린 명 상좌는 마음을 돌려 법문을 청한다.

아래구법(我來求法) 제가 여기 온 것은 법을 구하기 위함이지
비위의야(非爲衣也) 가사를 얻기 위함이 아닙니다
원행자 개시(願行者開示) 원컨대 행자는 깨우침을 열어주십시오

이때 육조 스님이 입을 연다.

불사선 불사악(不思善 不思惡) 선도 생각하지 말고 악도 생각하지 말라
정여마시(正與麼時) 바로 이런 때에
나개시 명 상좌 본래면목(那箇是明上座本來面目) 어떤 것이 명 상좌의 본래면목일꼬?

이 말끝에 바로 명 상좌는 깨닫는다.

진수무향(眞水無香)이고, 진광불휘(眞光不輝). 진정 청정수는 향기가 없고, 진정 명암을 초월한 지극한 광채는 사람의 눈에 띄지 않는다.

제12과 其九~頭難

其九는 勿說他人過失하라

雖聞善惡이나 心無動念이니 無德而被讚은 實吾慚愧요 有咎而蒙毀는 誠我欣然이니라 欣然則知過必改요 慚愧則進道無怠니라 勿說他人過하라 終歸必損身이니라 若聞害人言이어든 如毀父母聲하라 今朝에 雖說他人過나 異日에 回頭論我咎니라 雖然이나 凡所有相이 皆是虛妄이니 譏毀讚譽에 何憂何喜리요 頌曰

終朝亂說 人長短타가　　竟夜昏沈 樂睡眠이로다

如此出家 徒受施라　　必於三界 出頭難하리라

아홉째, 남의 허물을 말하지 말지니라.

비록 선악을 들으나 마음에 동념이 없을지니, 덕이 없이 칭찬을 받음은 진실로 나의 부끄러움이요, 허물이 있어 욕을 먹음은 진실로 나의 흔연함이니라. 흔연하면 허물을 알아 반드시 고칠 것이요, 부끄러우면 도에 나아감에 게으름이 없느니라.

남의 허물을 말하지 말라. 필경에는 반드시 자신을 해치는 일로 돌아가느니라.

만일 남을 해치는 말을 들으면, 부모를 비방하는 소리같이 여겨라. 오늘 아침에 비록 남의 허물을 이야기하나, 다른 날에 머리를 돌려 나의 허물을 논하느니라. 무릇 상(相)이 있는 바가 모두 허망한 것이니 비방함과 칭찬함에 어찌 근심하고 어찌 기뻐하랴? 송하여 이르되,

아침 내내 잘잘못을 시비하다가
저녁 내내 곯아떨어져 잠만 자나니
이렇게 출가한 이, 시은만 녹여
길고 긴 생사윤회를 벗어날 수가 없으리.

실오참괴(實吾慚愧)

참괴(慚愧)는 참(慚, 梵語 hrī)과 괴(愧, 梵語 apatrapya)의 합성어이다. 심왕(心王)에 종속한 심소(心所)의 이름. 죄과(罪過)를 수치스럽게 여기는 정신작용. 유참유괴(有慚有愧)와 무참무괴(無慚無愧)의 서로 다른 말이 쓰인다.

≪구사론(俱舍論 卷四)≫에서는 참괴(慚愧)에 두 가지 해석이 있다.

첫 번째 해석 : 참(慚)은 모든 공덕을 받들어 공경하는 유덕심(有德心)이고, 괴(愧)는 죄에 대해서 두려워하는 마음이다.

두 번째 해석 : 다 같은 수치심인데, 참(慚)은 지은 죄악을 스스로 살펴서 느끼는 수치심이며, 괴(愧)는 자기가 지은 죄악으로 타인을 대면하였을 때에 느끼는 수치심이라고 한다.

≪북본 대반열반경(北本 大般涅槃經 卷十九)≫에는 자기와 타인으로 구별하는 방법이 있다.

① 참(慚)은 자기가 죄악을 짓지 아니한 것이고, 괴(愧)는 타인으로 하여금 죄를 짓지 아니하게 한 것이다.

② 참(慚)은 자기 심중에서 느끼는 수치심이고, 괴(愧)는 자기 죄악이 타인에게 알려져서 느끼는 수치심이다.

③ 참(慚)은 사람에 대한 수치심이고, 괴(愧)는 하늘에 대한 수치심이다.

이 설은 상당히 구사론의 두 번째 해석과 같다. 성유식론(成唯識論 卷六) 역시 구사론 두 번째 해석과 같다.

범소유상 개시허망(凡所有相 皆是虛妄)

《금강경》 사구게(四句偈)는 네 개의 구절이 딱 떨어진 사구게로 세 가지가 있다.

① 범소유상 개시허망 약견제상비상 즉견여래 (제5장)

　　凡所有相 皆是虛妄 若見諸相非相 卽見如來

② 약이색견아 이음성구아 시인행사도 불능견여래(제26장)

　　若以色見我 以音聲求我 是人行邪道 不能見如來

③ 일체유위법 여몽환포영 여로역여전 응작여시관(제32장)

　　一切有爲法 如夢幻泡影 如露亦如電 應作如是觀

사구게(四句偈)를 구부경(九部經) 형식에서 보면 기야, 가타에 속한다.

① 대승9부. 12부경에서 인연 · 비유 · 논의 등 세 가지를 뺀 것.

㉠ 수다라 : 대개 시작은 여시아문이고 마지막은 환희 신수봉행인 경.

㉡ 기야 : 중송(重頌).

ⓒ 가타(伽陀, Gāthā) : 번역하여 보통 게(偈)라고 쓰는데 노래의 뜻을 가진 어근 gai에서 생긴 명사. 지금은 산문체로 쓰인 경전의 한 절이 끝나면 총 정리로 읊는 운문 법문. 본문과 관련이 없이 읊는 게송으로 고기송(孤起頌) 부중게송(不重偈頌).

ⓔ 이제목다가 : 본생담.

ⓜ 사다가.

ⓗ 아부타달마 : 희유한 불가사의한 사적.

ⓢ 우타니.

ⓞ 비불략 : 방광 · 방등.

ⓩ 화가라나 : 수기.

② 소승9부. 12부경에서 방광 · 수기 · 자문자설을 뺀 것. ㉠수다라 ㉡기야 ㉢가타 ㉣니타나 ㉤이제목다가 ㉥사다가 ㉦아부타달마 ㉧아바타나 ㉨우파제사.

<hr>

名言名句

벽계지월(碧溪之月)   푸른 개울에 비친 달이요

청경중두(清鏡中頭)   맑은 거울 속의 얼굴이라

아사아화(我師我化)   우리 스님 우리를 교화하시니

천하조주(天下趙州)   천하 조주 스님이시여

　　—조주(趙州) 왕이 스승 조주(趙州) 스님 찬을 지어 올림

제13과 其十~加深

其十은 居衆中하야 心常平等이어다

割愛辭親은 法界平等이니 若有親疎면 心不平等이
라 雖復出家나 何德之有리요 心中에 若無憎愛之取
捨하면 身上에 那有苦樂之盛衰리요 平等性中에 無彼
此하고 大圓鏡上에 絕親疎니라 三途出沒은 憎愛所纏
이요 六道昇降은 親疎業縛이니라 契心平等하면 本無
取捨니 若無取捨면 生死何有리요 頌曰

欲成無上 菩提道ㄴ댄 也要常懷 平等心이어다

若有親疎 憎愛計하면 道加遠兮 業加深하리라

열째, 대중 가운데 머물 적에 마음이 늘 평등할지니라.

사랑을 끊고 부모를 하직한 것은 법계가 평등함이니, 만일
친소(親疎)가 있으면 마음이 평등치 못함이라, 비록 다시 출
가한들 무슨 덕이 있으랴? 심중에 만약 애증(愛憎)의 취사(取
捨)가 없으면 신상에 어찌 고락의 성쇠가 있으리요?

평등성(平等性) 가운데에 피차가 없고 대원경(大圓鏡) 위에
친소가 끊어졌느니라. 삼악도의 출몰은 애증의 얽힌 바요, 육

도의 승강(昇降)은 친소의 업이 얽힌 까닭이니라.

　마음이 평등함에 계합하면 본래 취사(取捨)가 없나니, 만약
취사가 없으면 생사가 어찌 있으리요? 송하여 이르되,

　위없는 보리도를 성취하려면

　언제나 평등한 마음 넉넉히 가지라

　사랑하고 미워하는 차별이 있으면

　도(道)와는 더 멀어지고 업만 점점 깊으리.

名言名句

부설 거사(浮雪居士) 사부송(四浮頌) · 넷

가사설법 여운우(假使說法 如雲雨)

가령 설법을 잘해 운우 조화 부리며

감득천화 석점두(感得天花 石點頭)

하늘에선 꽃비 내리고 돌도 고개를 끄덕여도

건혜미능 면생사(乾慧未能 免生死)

알음알이 지식으론 생사를 면치 못하나니

사량야시 허부부(思量也是 虛浮浮)

생각하면, 이 또한 허허 무상 무쌍하구나.

(頭, 浮가 韻)

제14과   主人~沒也

主人公아 汝値人道호미 當如盲龜遇木이어늘 一生이 幾何관대 不修懈怠오 人生難得이요 佛法難逢이라 此生에 失却하면 萬劫에 難遇니 須持十門之戒法하야 日新勤修而不退하고 速成正覺하야 還度衆生하라

我之本願은 非謂汝獨出生死大海라 亦乃普爲衆生也니 何以故오 汝自無始以來로 至于今生히 恒値四生하야 數數往還호미 皆依父母而出沒也라

주인공아, 네가 인도(人道)를 만난 것이 마땅히 눈먼 거북이가 나무 구멍 만난 듯한데, 일생이 얼마나 되는데 닦지 않고 게을리 하는고? 인생은 얻기 어렵고 불법은 만나기 어려우니라. 이번 생에 발을 헛디디면 만 겁에도 만나기 어려우리니, 모름지기 열 가지 계법을 지켜서, 날마다 새롭게 근수(勤修)하여 물러나지 말고, 속히 정각을 이루어서 돌이켜 중생을 제도할지니라.

나의 본래 발원은, 너 혼자만이 나고 죽는 큰 바다에서 벗어날 뿐만 아니라, 또한 널리 중생을 위함이니, 무슨 까닭인고?

네가 비롯됨이 없는 옛적부터 금생에 이르기까지, 항상 사생(四生)을 만나서, 번번이 오고 감이 다 부모를 의지해 출몰한 까닭이니라.

사난(四難)

부처님이 계신 세상에 태어나기 어렵다는 뜻. 부처님이 ≪법화경≫을 설법하실 때에 ≪법화경≫ 법문을 듣고, ≪법화경≫을 청법한 이후 신심으로 네 가지 일을 받들어 행함을 가리킨다.

이 일은 희유하여 정말 만나기 어려운 일이다. 사난(四難)은 이런 데서 붙여진 이름이다.

이 설은 ≪법화경≫ 제1권 방편품 말씀이다. 해설서로 ≪법화경≫ 문구, 법수 사전 대명법수에서 사난을 밝히고 있다.

① 치불난(値佛難)으로, 부처님 뵙기 어려움이다. 중생은 제가 지은 한량없는 죄업으로 육도 윤회를 그치지 않는데, 아수라·아귀·축생·지옥 등 세계에 태어나면 부처님을 전혀 뵐 수가 없다.

설사 사람 몸을 받더라도 반드시 부처님을 뵌다는 보장이 없다. 왜냐하면, 남섬부주 외에 동·서·북 등 삼주에 태어나면 그르치며, 남섬부주에 태어난다고 하더라도, 부처님 나라와는 먼 변방에 태어나면 그르치기 때문이다. 혹은 부처님 나라에 동시대에 태어난 사람이라 하더라도 사견(邪見)에 집착한 까닭에 중생은 부처님을 알아보지 못한다.

부처님은 항상 우리 곁에 나타나 계시지 않기에 부처님 뵙기 어려움이다.

② 설법난(說法難)으로, 여래가 세상에 나와 대승법문을 설하고

자 하나 중생은 근본 그릇이 아주 작아서 잘 받아들이지 못한다. 그래서 방편으로 삼승(三乘)의 가르침으로 가르칠 수밖에 없었다.

부처님은 살아 생전 40여 년 동안 300여 회 법회를 베풀었는데 최후로 ≪법화경≫을 설하실 때에 비로소 대승법 진실을 털어놓았다.

③ 문법난(聞法難)으로, 일승원돈(一乘圓頓)의 법문은 아주 미묘하여 보통은 이해하고 받아들이기 힘들다. 더구나 어리석어서 그릇이 작은 사람이 들으면 크게 의심만 하고 깜짝 놀란다.

④ 신수난(信受難)으로, 일승원돈(一乘圓頓)의 법문은 중도 실상의 이치이고, 바로 부처님이 증득하신 바 깨달음의 내용으로, 일반 삼승의 지혜로써는 헤아리기 어렵다.

그런 까닭에, 부처님은 법화회상에서 먼저 삼승 법문을 설하시고 뒤에 일승의 법문을 설하셨다. 다시 말하면, 양 수레―성문승, 사슴 수레―연각승, 보통 소 수레―보살승 등으로, 먼저 삼승을 설하시고 뒤에 일승―흰 소 수레 등의 비유로 설법과 과거세의 인연설을 하신다. 이 법문을 통해 상근기 중근기 하근기 모든 중생들은 남김 없이 신심으로 법를 받들어 수행하여 정각을 증득하도록 한다. 이것이 신심으로 대승 법을 받기 어려움이다.

제15과　故曠~能也

故로 曠劫父母-無量無邊하니 由是觀之컨대 六道衆生이 無非是汝의 多生父母라 如是等類-咸沒惡趣하야 日夜에 受大苦惱하나니 若不拯濟면 何時出離리요 嗚呼哀哉라 痛纏心腑로다 千萬望汝하노니 早早發明大智하야 具足神通之力과 自在方便之權으로 速爲洪濤之智楫하야 廣度欲岸之迷倫이어다 君不見가 從上諸佛諸祖-盡是昔日에 同我凡夫ㄹ러니라 彼旣丈夫라 汝亦爾니 但不爲也언정 非不能也니라

그리하여 오랜 겁의 부모는 한량없고 끝이 없으니, 이렇게 관하면, 육도(六道) 중생들이 너의 다생(多生) 부모가 아님이 없느니라. 이러한 중생들이 다 악도에 빠져 밤낮으로 큰 고뇌를 받고 있나니, 만약 제도하지 아니하면 어느 때에 벗어나겠는고?

아, 슬프다. 아픔이 심부(心腑)에 얽매이는구나.

천 번 만 번 너에게 바라노니, 빨리 큰 지혜를 밝혀서, 구족한 신통력과 자유자재한 방편법으로, 속히 거친 파도에서 지

혜로운 노(楫)가 되어, 탐욕의 언덕에서 헤매는 무리를 널리
제도할지니라.

  그대가 보지 못하였는가? 위로 좇아 모든 부처님과 모든 조
사가 다 옛날에는 우리 같은 범부였느니라. 저가 이미 장부라
너 또한 그러하리니, 다만 아니 하였을지언정 할 수 없는 것
은 아니니라.

名言名句

고요한 달밤에 거문고를 안고 오는 벗이나
단소를 쥐고 오는 벗이 있다면
굳이 줄을 골라 곡조를 아니 들어도 좋다.

이른 새벽에 홀로 앉아 향을 사르고
山窓에 스며드는 달빛을 볼 줄 아는 이라면
굳이 佛經을 아니 배워도 좋다.

저문 봄날 지는 꽃잎을 보고
귀촉도 울음소리를 들을 줄 아는 이라면
굳이 詩人이 아니라도 좋다.

구름을 찾아가다가 바랑을 베고
바위에 기대어 잠든 스님을 보거든
굳이 道에 대한 이야기를 하지 않아도 좋다.

해 저문 山野에서 나그네를 만나거든
어디서 온 누구인지 물을 것이 없이
굳이 오고 가는 세상사를 들추지 않아도 좋다.

—해안(海眼, 1901~1974, 74세) 스님의 시

제16과 古曰~萬端

古曰道不遠人이라 人自遠矣라 하며 又云我欲仁이면
斯人이 至矣라 하시니 誠哉라 是言也여 若能信心不退
則誰不見性成佛이리요 我今에 證明三寶하옵고 一一
戒汝하노니 知非故犯則生陷地獄하리니 可不愼歟며
可不愼歟아 頌曰

玉兎昇沈 催老像이요   金烏出沒 促年光이로다
求名求利 如朝露요   或苦或榮 似夕烟이로다

勸汝慇懃 修善道하노니 速成佛果濟迷倫이어다
今生若不 從斯語하면   後世當然 恨萬端하리라

고인이 이르시기를,

"도가 사람을 멀리한 것이 아니라, 사람들이 제 스스로 멀
리한다."

하였으며, 또 이르시기를,

"내가 어질고자 하면 어진 것이 따라온다."

하였으니, 진실하다, 이 말씀이여. 만일 능히 신심만 물러나
지 않는다면 누가 견성 성불하지 못하랴?

　이제 삼보를 증명으로 모시고 낱낱이 경계하노니, 잘못인
줄 알면서 일부러 범하면, 살아서 지옥에 떨어지리니, 가히
삼가지 아니하랴? 가히 삼가지 아니하랴? 송하여 이르되,

　옥토끼(달)가 뜨고 지니 사람이 늙고

　금까마귀(해) 오르내리니 세월만 가네

　명예와 재물은 아침 이슬 같고

　괴롭고 영화로운 일 저녁 하늘 연기네.

　은근하게 도 닦기를 권하노니

　어서 바삐 성불하여 중생을 건지라

　금생에 이내 말을 따르지 않으면

　후세에 한스러움이 만 갈래로 되오리.

名言名句

금불 불도로(金佛 不度爐)

금불은 용광로를 건너지 못하고

목불 불도화(木佛 不度火)

목불은 불을 건너지 못하고

이불 불도수(泥佛 不度水)

토불은 물을 건너지 못한다.

진불내리 좌보제(眞佛內裏 坐菩提)

진불은 마음 안에 보리수 아래에 앉아 있다.

열반 진여 성불(涅般 眞如 成佛)

이것이 열반이고 진여 성불이라.

—조주(趙州, 778~897, 120세) 스님의 법문

〈색인〉

ㅈ

자리리인(自利利人) • 167

難　字　集

初心 49과 암기 진도표

범 위				월 / 일	비 고
제 1 장　誠　初　心　學　人　文					
제 1 과	夫　初	～	妄　說	/	
제 2 과	旣　已	～	傷　人	/	
제 3 과	若　也	～	遠　離	/	
제 4 과	無　緣	～	越　序	/	
제 5 과	經　行	～	廻　避	/	
제 6 과	辦　道	～	雜　念	/	
제 7 과	須　知	～	道　用	/	
제 8 과	赴　焚	～	異　境	/	
제 9 과	須　知	～	柑　從	/	
제 10 과	居　衆	～	疑　惑	/	
제 11 과	非　要	～	去　處	/	
제 12 과	若　入	～	人　也	/	
제 13 과	住　社	～	攀　緣	/	
제 14 과	若　遇	～	口　辦	/	
제 15 과	所　謂	～	愼　之	/	
제 16 과	論　云	～	去　矣	/	
제 17 과	聞　法	～	絲　髮	/	
제 18 과	如　是	～	日　癡	/	
제 19 과	一　切	～	調　柔	/	
제 20 과	勤　修	～	勉　之	/	

범	위	월 / 일	비 고
제 2 장　發 心 修 行 章			
제 1과	夫 諸 ～ 心 寶	/	
제 2과	人 誰 ～ 如 佛	/	
제 3과	慳 貪 ～ 有 終	/	
제 4과	助 響 ～ 放 逸	/	
제 5과	離 心 ～ 喜 心	/	
제 6과	雖 有 ～ 作 飯	/	
제 7과	共 知 ～ 恥 乎	/	
제 8과	得 食 ～ 翔 空	/	
제 9과	自 罪 ～ 欲 樂	/	
제 10과	行 者 ～ 所 笑	/	
제 11과	遮 言 ～ 日 少	/	
제 12과	今 年 ～ 死 門	/	
제 13과	破 車 ～ 急 乎	/	
제 3 장　自 警 文			
제 1과	主 人 ～ 勝 言	/	
제 2과	人 有 ～ 退 屈	/	
제 3과	惟 斯 ～ 纏 身	/	
제 4과	其 一 ～ 殘 年	/	
제 5과	其 二 ～ 無 明	/	
제 6과	其 三 ～ 歸 依	/	
제 7과	其 四 ～ 祖 關	/	
제 8과	其 五 ～ 自 明	/	
제 9과	其 六 ～ 不 窮	/	

범	위	월 / 일	비 고
제 10 과	其 七 ~ 萬 般	/	
제 11 과	其 八 ~ 師 禪	/	
제 12 과	其 九 ~ 頭 難	/	
제 13 과	其 十 ~ 加 深	/	
제 14 과	主 人 ~ 沒 也	/	
제 15 과	故 曠 ~ 能 也	/	
제 16 과	古 日 ~ 萬 端	/	

출　가

출가하여 스님 되기가 어찌 작은 일이랴.
몸뚱이의 편안함을 구해서가 아니며,
등 따습고 배불리 먹고 싶어서가 아니며,
이익을 바라고 명예를 취하기 위해서가 아니다.
오직 생사 문제를 위함이며,
번뇌를 끊기 위함이며,
부처님의 혜명(慧命)을 잇기 위함이며,
삼계를 벗어나서 중생을 제도하기 위함이니라.

― 선가귀감 ―

일 러 두 기

이 초심 난자집 초고를 쓴 때는 열두 해 전의 일입니다. 해인사 행자실 강의를 맡고 있을 때에 글씨를 깔끔하게 잘 쓰는 이(李) 행자의 도움으로 초고를 완성하여 복사한 것으로 만족하였습니다.

그 무렵에 강원 선후배 스님께 설문지 1백 여 장을 돌려서 난자집 찬부 의견을 여쭈었더니,

"참 좋은 일입니다. 자전이 닳도록 난자를 찾는 게 남는 공부라면 남는 공부였으나 이제는 달라져야 합니다. 보다 폭넓게 학문을 연마하고 신행 생활을 더 여유 있게 가지기 위해서는 난자집이 필요할 것입니다. 밤이고 낮이고 난자 때문에 책상 앞에 엎드려서 자전을 뒤적이며 시간을 보내서는 안 될 것입니다."
하고 격려해 주셔서 용기를 얻고 시작한 게 오늘의 결실입니다.

난자 풀이에 나와 있는 끄트머리 숫자는 한한대자전(민중서림, 1990.)의 쪽수 표시입니다. 난자의 자세한 풀이를 원하는 분은 참고하시도록 하였습니다. 어조사인 경우에는 허사사전(김원중, 현암사, 1994.)을 많이 인용하였습니다.

난자 풀이에서 초발심자경문 본문 내용에 가까운 풀이는 맨 앞에 놓으려고 노력하였습니다.

이 초심 난자집을 시작으로 이 다음에 학인을 위해서 치문 서장 선요 등 소의경전 난자집이 햇빛 볼 날을 기대해 봅니다.

難 字 集

誠初心學人文

제 1 장

【初】 처음 초 — 시작. 시초. 처음으로. 164

【發】 일으킬 발 — (활을) 쏘다. 출발하다. 나타나다. 849

【心】 마음 심 — 마음. 염통. 가운데. 근본. 456

【自】 스스로 자 — 몸. (어디로) 부터. 1029

【警】 경계할 경 — 경계. 경비. (잠을) 깨우다. 1159

【文】 글월 문 — 문장. 글자. 법률. 빛나다. 553

【誡】 경계할 계 — 조심하고 삼가하다. 경계. 1146

【學】 배울 학 — 배우다. 학자. 학문. 학교. 345

【海】 바다 해 — 바다. 바닷물. 711

【東】 동녘 동 — 동쪽. 동녘으로 가다. 615

【沙】 모래 사 — 모래. 물가. 사막. 690

【門】 문 문 — 문. 집. 부문. 沙門은 出家 求道者의 뜻. 1290

【牧】 칠 목 — 가축을 치다. 기르다. 다스리다. 790

【牛】 소 우 — 소. (견우성) 별이름. 788

【述】 설명할 술 — 말하다. (책을)저술하다. 1218

제 1 과

【夫】 대저 부 — 발어사(發語辭). 지아비. 사내. 감탄사. 308

【之】 의 지 — 소유 소재 등을 나타내는 접속사. 가다. 41

【須】 모름지기 수 — 모름지기… 하여야 한다. 수염. 잠깐. 1351

【遠】 멀 원 — 시간 또는 거리가 길거나 멀다. 멀어지다. 1233

【離】 떠날 리 — 다른 곳으로 옮기다. 떨어지다. 흩어지다. 1326

【惡】 나쁠 악 — 성질이 악하다. 미워하다. 473

【友】 벗 우 — 친구. 벗하다. 우애있다. 214

【親】 친할 친 — 사이가(를) 가깝다(가까이 하다). 어버이. 1128

【近】 가까이할 근 — 가깝다. 근처. 가까이. 1216

【賢】 어질 현 — 덕행이 있고 재지(才智)가 많다. 1179

【善】 착할 선 — 악(惡)의 상대. 좋다. 잘 하다. 252

【受】 받을 수 — 주는 것을 가지다. 얻다. 216

【戒】 계 계 — 불자가 지키는 법 조목. 경계하다. 497

【等】 따위 등 — 나머지를 통틀어 포함하는 말. 같다. 928

【善】 잘 선 — 익숙하고 능란하게. 착하다. 좋다. 252

【知】 알 지 — 깨닫다. 슬기(智와 같음). 879

【持】 지킬 지 — 보존하다. (손으로)가지다. 지니다. 516

【犯】 범할 범 — 죄를 저지르다. 범죄. 허물. 794

【開】 열 개 — 닫힌 것을 트다. 깨우치다. 열리다. 1292

【遮】 막을 차 — 가로막다. 가리다. (지시대명사)이. 1235

【但】 다만 단 — 단지. 이것만. 오직 82

【依】 의지할 의 — 의뢰하다. 물건에 기대다. 92

【聖】 성인 성 — 지덕이 가장 뛰어나고 진리를 터득한 이. 1006

【莫】 말 막 — 하지 말라는 금지의 말. 없다. 1057

【順】 좇을 순 — 따르다. 순응하다. 차례. 복종하다. 1350

【庸】 어리석을 용 — 우매하다. 쓰다(임용). 고용하다. 423

【流】 무리 류 — 같은 부류. 흐르다. 흐르게 하다. 706

【妄】 허망할 망 — 거짓되고 망령되다. 거짓. 323

【說】 말씀 설 — 언론 또는 의견. 말하다. 기뻐하다. 1146

제 2 과

【旣】 이미 기 — 벌써. 다 마치다. 다 없애다. 569

【已】 이미 이 — 벌써. 그치다. 그만두다. 402

【參】 섞일 참 — 참여하다. 동참하다. 뒤섞이다. 213

【陪】 더할 배 — 보태다. (어른을)모시다. 1306

【淸】 맑을 청 — 물이 맑다. 맑아지다. 맑게 하다. 722

【衆】 무리 중 — 많은 사람. 많은 사람의 마음. 많다. 1106

【常】 항상 상 — 영구불변. 불변의 도(道). 상례. 당연. 409

【念】 생각할 념 — 생각. 암송하다. 잠깐(一念中 九十刹那). 459

【柔】 부드러울 유 — 유연하다. 초목의 싹이 나온 지 얼마 안되다. 620

【和】 온화할 화 — 온순하고 인자하다. 섞이다. 대답하다. 237

【得】 얻을 득 — 이루다. 성취하다. 손에 넣다. 449

【我】 나 아 — 자신. 나의. 彼의 상대. 아집부리다. 497

【慢】 거만할 만 — 오만하다. 업신여기다. 게으르다. 487

【貢】 바칠 공	고하다. 알리다. 공물.	1171
【高】 뽐낼 고	스스로 높은 체하다. 잘난 체하다. 높이다.	1386
【者】 놈 자	사람을 가리켜 이름. (물건·일) 것.	1003
【爲】 삼을 위	간주하다. 행하다. …을 위하여.	784
【弟】 아우 제	兄의 상대. 나이 어린 사람. 다만. 잘 섬기다.	434
【儻】 혹시 당	만일. 기개있다. 뜻이 크고 활달하다.	121
【有】 있을 유	가지고 있다. 또(又와 같다).	596
【諍】 다툴 쟁	다투다(爭과 동일). 임금에게 간하다(충고).	1149
【兩】 두 량	둘. 짝. 쌍(雙). 무게의 단위.	133
【合】 합할 합	하나로 되다. 합치다. 모이다. 만나다.	227
【以】 써 이	…으로써. …을 써서. 까닭. 이유.	72
【慈】 사랑할 자	은애(恩愛)를 베풀다. 사랑. 어머니. 자비.	482
【相】 서로 상	같이. 바탕. 모양. 용모.	868
【向】 향할 향	마주 바라보다. 북향한 창. 옛적.	225
【惡】 모질 악	나쁘다. 악한 행위. 미워하다.	473
【傷】 다칠 상	몸을 상하다. 남을 해치다. 심하다.	113

제 3 과

【若】 만일 약	가정하여 하는 말. 같다. 좇다.	1047
【也】 어조사 야	허사(虛辭). 번역할 필요가 없음. 확인 강조.	48
【欺】 속일 기	기만하다. 거짓. 허위.	653
【凌】 업신여길 릉	깔보다. 陵과 통용. 두꺼운 얼음.	152
【同】 한가지 동	같다. 무리. 동아리. 같이하다.	225
【伴】 짝 반	상대. 동반자. 모시다. 의지하다. 도반.	81
【論】 말할 론	이야기하다. 논하다. 견해.	1149
【是】 옳을 시	바르다. (지시하는 말) 이. 옳게 여기다.	577
【非】 아닐 비	그렇지 아니하다. 그르다. 어긋나다. 헐뜯다.	1340
【如】 같을 여	다르지 않다. 만약. 어조사.	322
【此】 이 차	가장 가까운 사물을 가리키는 말.	659
【全】 온통 전	전체. 전부. 순수하다. 온전하다.	132
【無】 없을 무	있지 아니하다. 아니다. (금지의 말) …말라.	767
【利】 이로울 리	유익하다. 날카롭다. 날래다.	164
【益】 더할 익	보탬. 더해지다. 이익. 더욱더.	861

【財】재물 재	물자 또는 금전. 재능. 재화(財貨).	1171
【色】색 색	여색. 빛. 색채. 색칠하다.	1041
【禍】재화 화	재앙. 재앙내리다. 福과 상대.	901
【甚】심할 심	정도에 지나다. 심히. 무엇. 하(何)와 뜻이 같음.	826
【於】어조사 어	(전치사로서) …보다. …에 비해. …에(서).	565
【毒】독 독	유독 성분. 해치다. 유독하게 하다.	671
【蛇】뱀 사	파충(爬蟲)의 하나. 구불구불 가다.	1092
【省】살필 성	살펴보다. 주위를 알아보다. 돌아보다.	869
【己】몸 기	자기 몸. 자아. 여섯번째 천간 기.	402
【非】그를 비	옳지 아니하다. 아니다.	1340

제 4 과

【緣】인연 연	인연하다. 연줄. 원인을 도와 결과를 낳게 하다.	974
【事】일 사	사건. 행위. 섬기다. 부리다. 일삼다.	51
【則】곧 즉	…할 때에는. …할 경우에는. 법칙(칙).	168
【他】남 타	자기 이외의 사람. 다르다. 다른 일.	73
【房】곁방 방	정실(正室) 옆방. 집. 가옥.	501
【院】절 원	스님의 처소. 담을 두른 저택. 담장. 마을.	1306
【當】당할 당	일을 만나다. 마주 대하다. 마땅히 …해야 하다.	837
【屏】가릴 병	가려서 막다. 병풍. 담.	382
【處】곳 처	장소 또는 지위. 머무르다.	1087
【强】강할 강	힘이 강하다. 세게 하다. 억지로 무리하게.	437
【洗】씻을 세	깨끗하게 하다. 그릇. 씻을(선).	702
【浣】씻을 완	깨끗하게 빨다. 열흘. 일순(一旬).	708
【衣】옷 의	의복. 스님의 법복(法服). 입다.	1111
【臨】임할 임	어떤 장소에 나오다. 마주 대하다.	1028
【盥】씻을 관	손 따위를 씻다. 세숫대야.	864
【漱】양치질할 수	이를 닦다. 빨다. 씻다.	745
【聲】소리 성	음성. 음향. 소리내다. 소리치다.	1009
【涕】콧물 체	코를 풀다. 눈물을 흘리며 울다.	714
【唾】침뱉을 타	침을 뱉다. 침(口液).	245
【次】번 차	횟수. 차제. 순번. 차례. 버금. 둘째. 뒤를 잇다.	652
【搪】부딪칠 당	충돌하다. 통하지 못하게 막다.	530
【揆】갑작스러울 돌	돌연히. 唐突과 통용.	917

| 【越】넘을 월 | 높은 곳을 통과하다. 지나다. 멀다. 1186 |
| 【序】차례 서 | 순서. 차례 매기다. 서문. 실마리. 419 |

제 5 과

【經】지날 경	통과하다. 세로 놓인 실. 길. 책. 불경. 966
【襟】깃 금	옷깃. 가슴. 마음. 1121
【掉】흔들 도	요동하다(시키다). 바로잡다. 정돈하다. 521
【臂】팔 비	어깨와 팔목 사이의 부분. 팔뚝. 1026
【談】이야기할 담	이야기. 담화. 농담하다. 1148
【戲】놀 희	재미있게 놀다. 놀이. 희롱하다. 500
【笑】웃을 소	기뻐서 웃다. 비웃음. 웃음. 꽃이 피다. 925
【要】요할 요	필수로 하다. 반드시. 구하다. 요컨대. 허리. 1124
【病】앓을 병	병을 앓다. 질환. 근심. 괴로워하다. 842
【守】지킬 수	소중히 보존(보호)하다. 절개. 지조. 347
【護】지킬 호	수호하다. 돕다. 통솔하다. 1160
【見】볼 견	눈으로 보다. 발견하다. 보이다. 나타날(현). 1126
【賓】손 빈	귀빈. 인도하다. 안내하다. 좇다. 1178

【客】손 객	내방한 사람. 나그네. 기식(寄食)하는 이. 353
【欣】기뻐할 흔	기쁘게 여기다. 기쁨. 652
【然】형용어 사 연	그러하다. 그러나. 如·焉과 같이 사물을 형용하는 어사. 771
【迎】맞이할 영	오는 이를 맞아들이다. 마중 나가다. 1216
【接】대접할 접	대우하다. 사귀다. 접하다. 모이다. 모으다. 523
【逢】만날 봉	사람과 만나다. 우연히 마주치다. 맞다. 1224
【尊】높을 존	존귀하다. 또는 높은 지위(신분). 높이다. 372
【長】어른 장	손윗 사람. 나이가 위임. 우두머리. 길다. 1288
【肅】공경할 숙	삼가 예를 차려 높이다. 삼가다. 맑다. 1011
【恭】공손할 공	윗사람의 뜻을 받들다. 공손. 공손히. 467
【廻】피할 회	회피하다. 빙 돌다. 빙 돌게 하다. 430
【避】피할 피	자리를 옮기어 숨다. 벗어나다. 1238

제 6 과

【辦】갖출 판	물건을 갖추다(처리하다). 힘쓰다. 1213
【道】도 도	길. 준수해야 할 덕. 말하다. 1231
【具】그릇 구	여러 기구. 갖추다. 함께. 차림. 준비. 144

【儉】	검소할 검	검약하다. 넉넉치 못하다. 흉년들다. 119
【約】	검소할 약	검소. 묶다. 맺다. 간략히 하다. 949
【足】	족할 족	분수를 지키다. 발. 족하게 하다. 1189
【齋】	공양 재	스님네 대중공양. 재계하다. 1428
【食】	먹을 식	음식을 삼키다. 먹을거리. 밥(사). 먹일(사). 1363
【時】	때 시	세월. 기회. 당시 그때. 때때로. 한 시간. 580
【飮】	마실 음	물·차 등을 마시다. 마실 것. 머금다. 1365
【啜】	먹을 철	씹어 먹다. 마시다. 훌쩍훌쩍 울다. 246
【作】	지을 작	만들다. 일으키다. 작용하다. 공사. 85
【執】	잡을 집	손으로 쥐다. 틀어막다. 벗. 동지. 282
【放】	놓을 방	내놓다. 버리다. 추방하다. 멋대로 하다. 544
【要】	반드시 요	꼭. 구하다. 필수로 하다. 언약하다. 요컨대. 1124
【安】	안존할 안	침착하고 조용하다. 편안(히)하다. 어찌. 348
【詳】	자세할 상	세밀하다. 모두. 빠짐없이. 모두 다. 1143
【擧】	들 거	높이 들어 올리다. 날다. 빼앗다. 1034
【顔】	얼굴 안	머리의 전면. 이마. 현판 편액. 1355
【顧】	돌아볼 고	머리를 돌려 뒤를 돌아보다. 도리어. 1357
【視】	볼 시	정신을 차려 보다. 본받다. 보이다. 1127
【厭】	싫어할 염	…하기를 꺼리다. 물리다. 틀어막다. 211
【精】	깨끗할 정	아름답다. 밝다. 찧다. 정성스럽다. 정신. 945
【麁】	거칠 추	정세(精細)하지 아니하다. 1415
【默】	잠잠할 묵	말이 없다. 입 다물다. 아무 소리가 없다. 1420
【防】	막을 방	가로막다. 둑. 제방. 못가게 하다. 1301
【雜】	번거로울 잡	어수선하고 복잡하다. 섞(이)다. 모두 함께. 1324
【念】	생각 념	사려(思慮). 생각하다. 외다. 잠깐 동안. 459

제 7 과

【療】	고칠 료	병을 고치다. 면하다. 고통을 면하다. 847
【形】	형체 형	몸. 신체. 형상. 형세. 그릇. 나타나(내)다. 441
【枯】	마를 고	야위어 뼈만 남다. 말리다. 마른 나무. 616
【成】	이룰 성	성취하다. 이루어지다. 끝나다. 496
【業】	업 업	일. 근무. 학습. 좋다는 널. 이미. 636
【般】	돌 반	선회하다. 옮기다. 나누다. 일반. 1038
【若】	반야 야	분별·망상을 떠난 지혜. 같을(약). 1047

【觀】볼 관	사물을 주의하여 잘 보다. 생각하여 보다.	1129
【輪】바퀴 륜	수레바퀴. 원형의 물건. 수레. 둘레.	1207
【淨】깨끗할 정	깨끗이 하다. 사념(邪念)이 없다. 악인역(役).	718
【違】어길 위	법·약속 등을 위반하다. 다르다. 틀리다.	1232

제 8 과

【赴】다다를 부	가다. 이르다. 알리다. 부고(訃告)하다.	1185
【焚】태울 분	불사르다. 불타다. 넘어지다(뜨리다).	767
【修】닦을 수	깨끗이 하다. 배워서 몸을 닦다. 다스리다.	99
【早】새벽 조	이른 아침. 이르다. 일찍.	571
【暮】저물 모	해가 저물다. 늦다. 밤(낮의 상대).	587
【勤】부지런히할 근	힘쓰다. 일을 꾸준히 하다. 위로하다.	184
【責】꾸짖을 책	책망하다. 책망. 헐뜯다. 책임. 재촉하다.	1173
【懈】게으를 해	나태하다. 게으름. 풀어져서 느슨하다.	491
【怠】게으를 태	태만하다. 게을리 하다. 업신여기다.	462
【亂】어지러울 란	흩어지다. 산란하다. 간음하다. 난리.	50
【讚】기릴 찬	찬탄하다. 돕다. 칭찬하다. 불경의 가송(歌頌).	1162
【唄】인도노래 패	부처님의 공덕을 기리는 노래.	243
【祝】빌 축	기원하다. 축문(祝文). 축문을 읽다.	898
【願】빌 원	기원하다. 소망. 소원. 바라다. 바라건대.	1356
【誦】읊을 송	가락을 붙여 읽다. 말하다. 안 보고 외다.	1146
【義】뜻 의	의미. 사람이 지켜야 할 준칙. 옳다. 의롭다.	995
【隨】따를 수	따라가다. 그대로 좇아서. 따라서. 함께.	1316
【音】소리 음	귀에 울려 들리는 자극. 음악. 음. 소식.	1349
【韻】울림 운	음(音) 끝의 울림. 한시의 운. 운치.	1349
【曲】가락 곡	곡조. 굽다. 휘다. 굽히다.	590
【調】고를 조	잘 어울리다. 길들이다. 적합하다. 운치.	1148
【瞻】볼 첨	우러러보다. 바라보다.	877
【敬】공경할 경	공경하다. 공경. 삼가다. 삼가.	551
【異】다를 이	같지 아니하다. 괴상하다. 달리하다.	834
【攀】오를 반	산 같은 것을 기어오르다. 끌어당기다.	538
【境】지경 경	경계. 곳. 경우.	288

제 9 과

【罪】 허물 죄 — 범죄. 과오. 실수. 재앙. 990

【障】 장애 장 — 거치적거리는 것. 막(히)다. 병풍. 장지. 1315

【猶】 같을 유 — 유사하다. 원숭이. 망설이다. 오히려. 800

【理】 이치 리 — 사리. 다스리다. 다스려지다. 재판관. 814

【懺】 뉘우칠 참 — 공포를 느끼다. 무서워하다. 어려워하다. 494

【消】 사라지게 할 소 — 다 없애다. 사라지다. 녹아(닳아) 없어지다. 708

【除】 덜 제 — 없애버리다. 섬돌. 층계. 다스리다. 4월. 1306

【深】 깊을 심 — 얕지 아니하다. 깊게 하다. 깊이. 719

【能】 능히 능 — 힘에 가당하게. 곰. 재능. 주체(主體). 1018

【禮】 예 례 — 절·인사 등 경의를 표하는 일. 예절. 903

【所】 바 소 — 객체(客體). 501

【從】 좇을 종 — 따르다. 복종하다. 좇게 하다. 세로. 놓다. 450

【眞】 참 진 — 거짓이 아닌 것. 진짜. 참으로. 초상. 871

【性】 성질 성 — 만물이 가지고 있는 본바탕. 성품. 마음. 464

【起】 일어날 기 — 발생하다. 일어서다. 앉았다가 서다. 다시. 1185

【信】 믿을 신 — 의심하지 않다. 믿음. 맡기다. 진실로. 98

【感】 느낄 감 — 감촉되어 통하다. 감동. 느낌. 움직이다. 477

【應】 응할 응 — 대답하다. 감통(感通)하다. 응당. 490

【虛】 빌 허 — 아무것도 없다. 비우다. 공허. 구멍. 1088

【影】 그림자 영 — 빛에 가려진 어두운 부분. 거울에 비친 모습. 443

【響】 울림 향 — 진동하는 소리. 울리다. 1350

【相】 서로 상 — 같이. 바탕. 용모. 돕다. 정승. 868

제 10 과

【居】 살 거 — 거주하다. 살게 하다. 앉다. 있다. 집. 381

【寮】 집 료 — 작은 집. 작은 창. 관리. 지위. 368

【讓】 사양할 양 — 사퇴하다. 겸손하다. 겸손. 꾸짖다. 1162

【爭】 다툴 쟁 — 우열·승패를 겨루다. 다툼. 어찌. 738

【互】 서로 호 — 함께 다같이. 교대하다. 교차하다. 55

【扶】 도울 부 — 조력하다. 구원하다. 붙들다. 곁. 옆. 길. 506

【勝】 이길 승 — 싸워서 쳐부수다. 이김. 낫다. 모두. 183

【負】 질 부 — 전쟁 등에 지다. 등에 지다. 업다. 힘입다. 1170

誡初心學人文

한자	훈음	뜻풀이	번호
【愼】	삼갈 신	신중히 하다. 삼가하다. 삼가. 진실로.	483
【聚】	모을 취	회합하다. 누적하다. 모이다. 무리.	1007
【頭】	머리 두	몸의 목 이상의 부분. 첫머리. 우두머리.	1353
【閒】	한가할 한	일이 없다. 틈. 겨를. 조용하다. 閑과 혼용.	1294
【話】	이야기할 화	담화하다. 이야기. 착한 말.	1142
【誤】	그릇할 오	잘못을 저지르다. 잘못. 의혹하다. 娛와 통용.	1146
【着】	신을 착	신을 신다. 옷을 입다. 달라붙다. 짓다(저, 著).	1065
【鞋】	신 혜	신. 초혜(草鞋). 마혜(麻鞋).	1344
【坐】	앉을 좌	行의 상대. 무릎을 꿇고 앉다. 자리.	278
【臥】	누울 와	몸을 가로 놓다. 누이다. 쉬다. 침실.	1028
【對】	마주볼 대	서로 정면으로 보다. 대답하다. 짝. 적수.	373
【揚】	나타낼 양	드러내다. 오르다. 날다. 칭찬하다. 도끼.	527
【醜】	추할 추	언행이 더럽다. 못생기다. 미워하다. 견주다.	1256
【院】	절 원	스님의 처소. 담장. 집. 마을. 관청.	1306
【詣】	이를 예	장소에 도달하다. 방문하다. 불사에 참배하다.	1146
【庫】	곳집 고	물건을 저장하는 창고. 무기고.	421
【聞】	들을 문	귀로 소리를 감득하다. 냄새를 맡다. 소문.	1008
【疑】	의심할 의	알지 못하여 의혹하다. 의심. 의심컨대.	840
【惑】	미혹할 혹	의심이 나서 정신이 헷갈리고 어지럽다.	472

제 11 과

한자	훈음	뜻풀이	번호
【遊】	놀 유	즐겁게 지내다. 놀게 하다. 놀이. 여행.	1228
【州】	고을 주	마을. 2천5백 집. 나라. 섬. 모이다.	398
【獵】	지날 렵	통과하다. 넘다. 휘날리다. 사냥. 찾다.	803
【縣】	고을 현	주(州) 보다 작은 마을. 매달다(懸).	978
【與】	더불 여	더불어. 함께. …과. 주다. 친하다.	1033
【俗】	속인 속	스님이 아닌 사람. 속되다. 풍습. 시속.	96
【交】	오고갈 교	왕래하다. 사귀다. 섞이다. 벗. 흘레하다.	62
【通】	통할 통	왕래하다. 사귀다. 전체. 간음하다. 말하다	1222
【令】	하여금 령	…로 하여금. 시키다. 가령. 법령. 착하다.	71
【憎】	미워할 증	증오하다. 미움받다. 미움.	489
【嫉】	시새움할 질	미워하다. 시기하다. 질투하다. 시기. 질투.	334
【失】	잃을 실	빠뜨리다. 놓치다. 빼앗기다. 허물. 과실.	313
【情】	뜻 정	성심. 성의. 性의 상대. 인정. 사랑.	474

【告】 고할 고	아뢰다. 여쭈다. 이야기하다. 찾다. 휴가. 234	【妄】 허망할 망	거짓되고 망령되다. 거짓. 무릇. 323
【住】 머물 주	머물러 살다. 거처. 그치다. 중지하다. 83	【碍】 거리낄 애	막다. 방해하다. 또 막고 가리는 물건. 889
【持】 도울 지	부조(扶助)하다. 가지다. 지니다. 믿다. 516	【乖】 거스를 괴	거역하다. 배반하다. 어그러지다. 구별하다. 42
【及】 및 급	…과. 미치다. 뒤쫓아가 따르다. 더불어. 214	【嫌】 혐의 혐	의혹. 미움. 증오. 의심하다. 싫어하다. 334
【管】 맡을 관	주관하다. 관. 가늘고 긴 대의 도막. 붓대. 932	【豈】 어찌 기	어찌하여서·왜 등을 나타내는 반어(反語). 1164
【衆】 무리 중	많은 사람. 수가 많다. 1106	【智】 슬기 지	지혜. 꾀. 모략. 슬기로운 사람. 슬기롭다. 584
【去】 갈 거	떠나가다. 죽음. 소멸. 떨어지다. 과거. 212	【也】 어조사 야	…일까? …이다. …때문에. …하구나! 48

제 12 과

제 13 과

【切】 정성스러울 절	성실하다. 중요롭다. 요점. 베다. 온통(체). 157	【社】 단체 사	절. 단체. 사당. 땅귀신. 제사지내다. 895
【堅】 굳게 견	견고하게. 단단함. 굳다. 갑옷과 투구. 284	【彌】 더욱 미	더욱더욱. 퍼지다. 마치다. 지내다. 439
【勿】 말 물	금지사(禁止辭). 없다. 부정사(否定辭). 186	【往】 갈 왕	가다. 떠나다. 옛. 과거. 이따금. 보내다. 444
【蕩】 흐르게 할 탕	물을 흘러 내려가게 하다. 제멋대로 굴다. 1076	【還】 돌아올 환	도로 오다. 도로 가다. 도리어. 갚다. 1238
【邪】 간사할 사	바르지 못하다. 부정(不正). 사기(邪氣). 1241	【好】 좋을 호	마음에 들다. 사랑하다. 아름답다. 좋다. 321
【況】 하물며 황	더욱. 더하다. 견주다. 況의 속자. 695	【貪】 탐할 탐	과도히 욕심을 내다. 탐욕. 1172
【披】 헤칠 피	속에 있는 것을 드러내다. 열다. 입다. 510	【睡】 잘 수	취침하다. 졸다. 잠. 873
【酒】 술 주	누룩을 빚어 만든 음료. 잔치. 1252	【眠】 잘 면	수면을 취하다. 쉬다. 시들다. 870

【過】 지날 과	한도를 넘다. 남다. 지내다. 잘못. 허물.	1229
【度】 법도 도	법칙. 정도. 건네다. 스님이 되다. 헤아릴(탁).	420
【散】 헤어질 산	흩어지다. 흐트리다. 쓸모없다. 한가.	550

제 14 과

【遇】 만날 우	길에서 만나다. 때를 만나다. 때. 뜻밖에.	1228
【宗】 마루 종	존숭하는 사람. 근본. 마루. 종묘. 겨레. 일가.	350
【師】 스승 사	선생. 훌륭한 사람. 스승으로 삼다. 사자(獅).	407
【陞】 오를 승	올리다. 升과 같은 자.	1305
【座】 자리 좌	앉는 자리. 까는 자리. 앉는 장소.	421
【懸】 달릴 현	매달리다. 매달다. 걸다. 멀리. 부채. 빚.	492
【崖】 낭떠러지 애	'사물의 끝'의 뜻. 모나다.	392
【想】 생각 상	생각하는 바. 생각하다. 생각컨대. 바라다.	478
【退】 물러날 퇴	물러가다. 감소하다. 물리치다. 멀리하다.	1219
【屈】 굽힐 굴	굽게 하다. 굽다. 군세다.	382
【或】 혹 혹	혹은. 추측. 상상. 괴이쩍어 하다.	497
【慣】 익숙할 관	버릇. 관례. 貫과 같은 자.	487

【容】 받아들일 용	담아 넣다. 얼굴. 꾸미다. 용서하다. 조용하다.	358
【易】 쉬울 이	용이하다. 간략히 하다. 바꾸다.	573
【懷】 마음 회	생각. 품다. 따르다. 편안히 하다. 가슴.	493
【必】 반드시 필	꼭. 오로지. 반드시 그렇게 될 줄 믿다.	457
【機】 실마리 기	단서(端緒). 기회. 시기. 틀. 베틀.	645
【取】 취할 취	손에 쥐다. 빼앗다. 거두다. 장가들다.	216

제 15 과

【謂】 이를 위	일컫다. 말하다. 까닭. 힘쓰다.	1153
【毒】 독 독	생명을 위험케 하는 성분. 괴로워하다.	671
【牛】 소 우	농경에 사용하는 가축. 별 이름.	788
【乳】 젖 유	젖퉁이에서 나오는 액체. 젖먹이다. 기르다.	48
【菩】 보리 보	정각(正覺). 지혜.	1059
【提】 보리 리	지혜. 끊을(제). 끌(제). 던질(제).	526
【愚】 어리석을 우	우매하다. 어리석게 하다. 우직하다. 나(겸칭).	480
【是】 이 시	이것(此와 同, 대명사). 옳다. 옳은.	577
【又】 또 우	거듭하여. 재차. 그 위에. 용서하다.	214

【輕】 가벼울 경	무게가 적다. 가벼이 여기다. 가벼이.	1205
【薄】 낮을 박	얇다. 가벼이 여기다. 숲. 적다. 잠깐.	1077
【因】 말미암을 인	인연하다. 종래대로 따르다. 까닭. 인연.	267
【之】 이 지	이것(是와 뜻이 같음). 가다. 이르다. …의.	41
【進】 나아갈 진	앞으로 나아가다. 오르다. 더하다. 힘쓰다.	1226

제 16 과

【炬】 횃불 거	싸리 등을 묶어 태워 길을 밝히는 물건.	763
【路】 길 로	사람이 다니는 길. 고달프다. 수레.	1191
【墮】 떨어질 타	낙하하다. 빠지다. 게으르다(惰와 통용).	291
【坑】 구덩이 갱	구덩이에 묻다.	278
【落】 떨어질 락	떨어져 내리다. 떨어뜨리다. 울타리. 마을.	1063
【塹】 해자 참	성을 두른 못. 해자·구덩이를 파다.	289
【矣】 어조사 의	결과의 필연성.(동적) …이다.(也는 정적)	879

제 17 과

| 【履】 밟을 리 | 발로 딛다. 신발. 걸음. 복록. | 384 |

【氷】 얼음 빙	얼다. 식히다.	681
【側】 기울일 측	귀를 기울이다. 곁. 옆. 엎드리다. 슬퍼하다.	108
【聽】 들을 청	정신을 차리고 듣다. 기다리다. 마을.	1010
【玄】 오묘할 현	미묘유심(微妙幽深) 하다. 검다. 하늘. 고요하다.	804
【肅】 맑을 숙	깨끗하다. 청렴하다. 엄숙하다. 삼가다.	1011
【塵】 티끌 진	먼지. 속세. 이 세상. 더럽히다. 때.	289
【賞】 완상할 상	즐기다. 칭찬하다. 상. 숭상하다. 상주다.	1179
【幽】 그윽할 유	미묘하다. 숨다. 조용하다. 어둡다. 귀신. 검다.	417
【致】 뜻 치	의취(意趣). 이르다. 다하다. 보내다.	1032
【如】 같을 여	같이 하다. 만약. 좇다. 而와 통용.	322
【博】 너를 박	넓다. 넓히다. 많다. 쌍륙. 노름.	203
【問】 물을 문	질문하다. 찾다. 문초하다. 알리다.	247
【先】 먼저 선	최초로. 첫째로. 앞. 앞서다.	125
【覺】 깨달음 각	깨달은 이. 깨달음. 깨닫다. 잠이 깰(교).	1129
【夕】 저녁 석	해질녘. 밤. 야간. 쏠리다.	297
【惕】 두려워할 척	근심하다. 삼가다. 공구(恐懼)하여 조심하다.	475
【朝】 아침 조	새벽부터 조반 때까지. 조정. 마을. 부르다.	600

誠初心學人文

【詢】 물을 순 — 문의하다. 상의하다. 1141

【濫】 외람할 람 — 어그러지다. 물이 넘치다. 뜨다. 훔치다. 함부로. 755

【絲】 실 사 — 명주실. 실같이 가는 물건. 견직물. 961

【髮】 머리 발 — 머리털. 초목. 1389

제 18 과

【乃】 이에 내 — 이에. 바로. 곧. 너. 너희들. 이렇게. 비로소. 41

【歟】 그런가 여 — …이구나!(감탄). …할 것이다. …합니까? 656

【始】 비롯할 시 — 시작하다. 처음. 근본. 비로소. 처음으로. 326

【習】 익힐 습 — 배워 익히다. 연습을 하다. 익숙하다. 버릇. 998

【熟】 익힐 숙 — 익게 하다. 익다. 익히. 깊이. 곰곰히. 776

【愛】 사랑할 애 — 이성을 그리워하다. 사랑하다. 탐내다. 476

【欲】 욕 욕 — 욕심. 하고자 하다. 바라다. 온순하다. 653

【恚】 성낼 에 — 원한을 품고 분노하다. 화. 성. 466

【癡】 어리석을 치 — 미련하다. 미치다. 痴는 속자. 847

【纏】 얽을 전 — 얽히다. 감다. 감기다. 986

【綿】 얽힐 면 — 감기다. 솜. 솜옷. 연속하다. 멀다. 972

【意】 뜻 의 — 마음의 발동(發動). 생각. 뜻하다. 의심하다. 479

【地】 어조사 지 — 무의미한 조사(助辭). 땅. 지위. 다만. 275

【暫】 잠깐 잠 — 잠시. 별안간. 창졸간. 졸지에. 587

【伏】 숨을 복 — 몸을 감추다. 엎드리다. 굴복하다. 78

【隔】 뜰 격 — 시간이나 공간에 사이가 뜨다. 막다. 간막이. 1314

【瘧】 학질 학 — 말라리아. 오한과 열이 격일 또는 매일 나는 병. 845

제 19 과

【直】 바로 직 — 곧. 곧다. 바로잡다. 겨우. 바로. 일부러. 866

【加】 더할 가 — 보태다. 늘이다. 높게 하다. 베풀다. 입다. 178

【方】 길 방 — 방법. 네모. 네모지다. 바야흐로. 견주다. 563

【便】 편의 편 — 유리한 방법. 편하다. 쉽다. 똥오줌(변) 94

【痛】 몹시 통 — 힘이 자라는 대로. 몹시. 아프다. 슬퍼하다. 844

【謾】 게으를 만 — 나태하다. 속이다. 업신여기다(慢과 통용). 1156

【喪】 잃을 상 — 없어지게 하다. 복입다. 멸망하다. 상복(喪服). 249

【冀】 바랄 기 — 회망하다. 하고자 하다. 바라건대. 145

【哉】 어조사 재 — …하겠는가? …하라. …하구나! 비롯하다. 242

【志】뜻 지	의향. 의사. 뜻하다. 기록하다. 458
【節】절개 절	굳은 지조. 대 마디. 높다. 934
【躬】몸 궁	신체. 몸소. 친히. 몸소 하다. 1200
【匪】아닐 비	非와 같은 자. 담다. 191
【遷】옮길 천	장소를 바꾸다. 고치다. 새것을 취하다. 1235
【改】고칠 개	바로잡다. 변경하다. 고쳐지다. 542
【悔】뉘우칠 회	후회하다. 후회. 한(恨). 470

【終】마침내 종	마지막. 끝나다. 마지막에 마치다. 958
【久】오랠 구	오래 가다. 오래 기다리다. 막다. 가리다. 41
【定】머무를 정	정지하다. 선정(禪定). 결정하다. 자다. 352
【圓】둥글 원	통하다. 막히지 아니하다. 원형. 새의 알. 272
【幻】요술 환	변하다. 변화하다. 마술. 허깨비. 환상. 416
【悲】슬플 비	가련하게 여기다. 슬픔. 비애. 471
【勉】힘쓸 면	부지런히 하라. 근면. 권면하다. 181

初心 終

제 20 과

【轉】더욱 전	한층 더. 구르다. 뒹굴다. 바꾸다. 넘어지다. 1209
【鍊】불릴 련	쇠붙이를 불에 달구다. 익히다. 얽다. 1279
【磨】갈 마	학문 덕행을 닦다. 닳다. 고생하다. 맷돌. 893
【遭】만날 조	일을 당하다. 우연히 만나다. 두르다. 1235
【恒】항상 항	언제나. 늘. 항상하다. 두루 미치다. 467
【新】새 신	새로움. 새롭게 하다. 새로. 처음으로. 560
【慶】경사 경	축하할 만한 일. 선행. 행복. 하례하다 484
【幸】다행 행	행복. 행복하다. 요행. 다행히. 416

모든 일은
마음이 근본이 된다
마음에서 나와 마음으로
이루어진다
나쁜 마음을 가지고
말하거나 행동하면
괴로움이 그를 따른다
수레바퀴가
마소의 발자욱을 따르듯이.

―법구경―

發心修行章

제 2 장

【章】글
장
문장. 법. 문체. 색채. 밝
다. 나타나다.　922

【元】으뜸
원
첫째. 시초. 근원. 덕. 머
리. 착하다.　122

【曉】새벽
효
날이 밝을 녘. 밝다. 깨
닫다. 아뢰다.　588

제 1 과

【諸】모든
제
여러. 무릇. 장아찌. 김
치. …에게. …에서.1152

【佛】부처
불
Buddha의 음역. 불교.
불타.　84

【莊】꾸밀
장
성장(盛粧).　엄정하다.
가게. 별장.　1055

【嚴】엄할
엄
엄정하다. 엄숙하다. 굳
세다. 차리다.　260

【寂】고요할
적
적적하다.
　360

【滅】꺼질
멸
불이 꺼지다. 다하다. 멸
망하다. 죽다.　737

【宮】대궐
궁
궁전. 집. 가옥. 종묘. 생
식기를 끊는 형벌.　355

【多】많을
다
많게 하다. 낫다. 뛰어나
다. 칭찬하다.　299

【劫】겁
겁
겁탈하다. 刧의 속자.
4억3천2백만년.　165

【捨】버릴
사
내버리다. 버려두다. 베
풀다.　520

【苦】괴로움
고
괴로워하다. 쓰다. 씀바
귀. 괴롭히다. 심히.　1048

【行】행할
행
하다. 다니다. 걷다. 지나
다. 항렬(항).　1107

【宅】집
택
주거. 살다. 자리잡다. 묏
자리.　347

【量】헤아릴
량
상량하다. 분량. 되. 아량.
기량. 국량. 달다.　1262

【世】시세
세
시대. 때. 인간. 30년. 평
생. 대대로.　31

【慾】탐낼
욕
욕심. 탐내는 마음. 탐하
다.　486

【少】적을
소
많지 아니하다. 젊다. 좀.
잠시. 젊은이.　377

【至】이를
지
도래하다. 지극하다. 지
극히. 동지. 하지.　1031

【煩】번민할
번
번뇌하다. 번거롭다. 어
지럽다. 바쁘다.　773

【惱】괴로워
할 뇌
고민하다. 괴롭히다. 고
민.　480

【誘】꾈
유
유혹하다. 불러내다. 달
래다. 꾐.　1145

【寶】보배
보
보물. 소중한 사물. 옥새.
보배로 여기다.　368

제 2 과

【誰】누구
수
어떤 사람. 접때. 이전.
무엇. 어느 것.　1147

【歸】돌아갈
귀
돌아가(오)다. 돌려보내
다. 맡기다. 마치다.　662

한자	훈·음	뜻풀이	쪽
【藪】	수풀 수	사물이 많이 모이는 곳. 늪.	1082
【樂】	즐거움 락	쾌락. 즐겁다. 풍류(악).	642
【重】	중히여길 중	소중히 여기다. 중대하다. 무겁다. 거듭하다.	1260

제 3 과

한자	훈·음	뜻풀이	쪽
【慳】	아낄 간	인색하다.	487
【物】	재물 물	재화. 만물. 물건. 일. 사실.	791
【魔】	마구니 마	악귀. 마술. 요술. 좋아하는 버릇.	1395
【眷】	겨레붙이 권	친족. 돌보다. 은혜. 돌아보다.	873
【屬】	살붙이 속	혈족. 엮다. 때마침. 연속 이을(촉).	385
【布】	베풀 포	급여하다. 펴다. 벌이다. 베. 무명. 알리다.	404
【施】	베풀 시	은혜를 베풀다. 전달하다. 자랑하다.	565
【嶽】	큰산 악	크고 높은 산. 岳과 같다.	396
【峩】	높을 아	산이 험준하다. 峨와 같다.	396
【巖】	바위 암	큰 돌. 가파르다. 낭떠러지. 岩과 같다.	397
【碧】	푸를 벽	짙은 푸른 빛. 옥돌.	890
【松】	소나무 송	소나무과에 속하는 상록교목(常綠喬木).	613
【谷】	골 곡	골짜기. 궁지에 빠지다. 동풍. 막히다.	1163
【捿】	깃들일 서	살다. 棲와 같다.	521
【飢】	주릴 기	굶주리다. 굶기다. 흉년 들다.	1364
【飧】	먹을 손	저녁밥. 만찬. 밥을 짓다.	1365
【果】	과실 과	나무 열매. 과연. 마침내. 과단성 있다.	616
【慰】	위로할 위	위안하다. 위안. 위로. 남의 근심을 풀다.	485
【其】	그 기	그(들)의. 그녀(들)의. 나(우리)의. 대개.	144
【膓】	창자 장	마음. 腸의 속자.	1022
【渴】	목마를 갈	갈증이 나다. 갈증. 물이 마르다.	730
【息】	쉴 식	중지하다. 끝내다. 휴식하다. 숨쉬다. 아이.	466
【喫】	먹을 끽	마시다. 피우다.	251
【甘】	단것 감	맛있는 음식. 달다. 맛나다. 느슨하다.	825
【養】	기를 양	양육하다. 다스리다. 봉양하다. 숨기다.	1367
【壞】	무너질 괴	허물어지다. 파괴되다. 무너뜨리다. 나무 혹(회).	293

제 4 과

한자	훈·음	뜻풀이	쪽
【助】	도울 조	돕다. 도움. 조력. 어려운 사람을 구제하다.	179

한자	훈음	뜻	번호
【穴】	굴 혈	동굴. 토굴. 움집. 무덤의 굴. 구멍. 곁.	915
【哀】	슬퍼할 애	서러워하다. 슬픔. 민망히 여기다. 비애.	241
【鳴】	울 명	새가 소리를 내다. 울리다. 새가 서로 부르다.	1402
【鴨】	오리 압	기러기과에 속한 새의 일종.	1404
【歡】	기뻐할 환	즐거워하다. 기쁨. 환회.	656
【拜】	절할 배	배례를 하다. 절. 받다. 굽히다. 벼슬 주다.	509
【膝】	무릎 슬	정강이 위와 넓적다리 아래 사이의 관절.	1024
【戀】	그리워할 련	사모하다. 그리움.	494
【餓】	주릴 아	대단히 굶주리다. 굶기다. 굶주림.	1367
【忽】	홀연 홀	돌연. 소홀히 하다. 잊다. 다하다. 누에 올 실.	460
【云】	어조사 운	(실질적인 뜻이 없음) 이와 같이. 말하다.	55
【何】	어조사 하	어째서. 어디. 무엇. 왜. (시에서는) 얼마나.	83
【幾】	얼마 기	몇. 빌미. 기틀. 위태하다. 가깝다. 뿛와 통용.	418

제 5 과

한자	훈음	뜻	번호
【羅】	그물 라	조망(鳥網). 그물질하다. 비단. 늘어서다.	992
【網】	그물 망	물고기·새를 잡는 기구. 그물질하다.	970
【狗】	개 구	가축의 하나. 일설에 견(犬)은 보다 큰 개.	976
【被】	입을 피	옷을 입다. 이불. 겉. 덮다. 당하다(수동).	1114
【象】	코끼리 상	상아. 법도. 본뜨다. 모양(像과 같다).	1161
【皮】	가죽 피	동물의 표피. 거죽. 과녁. 껍질 벗기다.	859
【蝟】	고슴도치 위	고슴도치과에 속하는 쥐 비슷한 동물.	1097
【鼠】	쥐 서	동물의 하나. 해를 끼치는 이. 근심하다.	1426
【雖】	비록 수	비록 …일지라도. 겨우. 惟와 통용.	1323
【才】	재주 재	재능. 재능있는 사람. 겨우.	504
【邑】	고을 읍	큰 마을. 천자 제후의 영지. 근심하다.	1240
【憂】	근심할 우	걱정하다. 근심. 질병앓다. 부모의 상(喪)	484
【設】	설령 설	가령. 베풀다. 늘어놓다. 만들다. 진열하다.	1137
【室】	집 실	건물. 방. 아내. 가족. 광실. 칼집.	354
【喜】	기뻐할 회	좋아하다. 기쁨. 기쁘다. 좋은 일. 희열.	253
【導】	이끌 도	인도하다. 가르치다. 다스리다. 가르침.	374
【蒸】	찔 증	김에 올려 익히다. 많다. 백성. 섶나무. 삼대.	1069
【米】	쌀 미	벼 껍질을 벗겨낸 알맹이. 미터의 단위.	942
【飯】	밥 반	곡식을 익힌 주식(主食). 먹다. 식사. 먹이다.	1365

제 7 과

【備】갖출 비　골고루 가지고 있다. 예비하다. 예방.　110

【翼】날개 익　새의 날개. 지느러미. 처마. 돕다. 이튿날.　1000

【粥】죽 죽　미음. 묽은 죽. 죽을 먹다. 된 죽은 전(饘).　944

【祝】빌 축　기원하다. 축하하다. 축문(祝文)을 읽다.　898

【解】풀 해　이해하다. 얽어 맨 것을 풀다. 게으르다.　1131

【檀】박달나무 단　자작나무에 속한 낙엽교목(落葉喬木).　647

【羞】부끄럼 수　수치. 치욕. 부끄러워하다. 앞으로 나가다. 드리다.　994

【恥】부끄럼 치　수치. 모욕. 부끄러워하다. 욕보이다.　465

【乎】어조사 호　…이 아니겠는가? …이겠지. …에 있다.　42

제 8 과

【唱】부를 창　암송하다. 소리를 높여 부르다. 노래.　245

【唄】인도노래 패　부처님의 공덕을 기리는 노래.　243

【達】통할 달　꿰뚫다. 깨달음. 도착하다. 보내다. 빠짐없이.　1232

【趣】뜻 취　뜻하는 바. 의미. 빨리 걷다. 향하다. 재촉.　1188

【慚】부끄러워할 참　부끄러움. 참(慙)과 같다.　485

【愧】부끄러워할 괴　수치를 느끼다.　483

【惡】미워할 오　증오하다. 나쁘다. 모질다. 성질이 악하다.　473

【尾】꼬리 미　끝. 흘레하다. 물고기를 세는 단위.　380

【蟲】벌레 충　동물의 하나. 虫은 속자.　1090

【辨】분별할 변　식별하다. 나누다. 밝히다. 구별하다.　1213

【穢】더러울 예　더러운 일. 더럽히다. 거칠다. 잡초.　914

【憎】미워할 증　증오하다. 미움받다. 미움.　489

【棄】버릴 기　내버리다. 돌보지 아니하다. 물리치다.　628

【喧】떠들썩할 훤　시끄럽다. 어린애가 오래 우는 모양.　251

【乘】탈 승　올라가다. 오르다. 태우다. 이기다. 교법　42

【梯】사다리 제　차차 올라가는 경로. 기대다. 의지하다.　627

【破】깨뜨릴 파　부수다. 파괴하다. 깨지다. 쪼개다. 흩뜨리다.　886

【折】꺾일 절　부러지다. 꺾다. 굽히다. 값을 깎다. 일찍 죽다.　508

【龜】거북 귀　파충의 하나. 거북 껍데기. 갈라지다.　1433

【翔】날 상　선회하다. 돌아보다. 자세하다.　998

제 9 과

【未】 아닐 / 미 　 부정(否定)의 말. 미래. 장래. 605

【脫】 벗어날 / 탈 　 벗다. 벗기다. 풀다. 소홀히 하다. 1019

【贖】 속바칠 / 속 　 금품을 내고 죄를 면하다. 바꾸다. 1183

【供】 베풀 / 공 　 받들어 모시다. 이바지하다. 갖추어지다. 91

【給】 줄 / 급 　 공여하다. 급여하여. 넉넉하다. 공급하다. 964

【浮】 뜰 / 부 　 물 위에(공중에) 뜨다. 띄우다. 가볍다. 710

【命】 목숨 / 명 　 생명. 운수. 명령. 교훈. 이름짓다. 238

【惜】 아낄 / 석 　 소중히 여기다. 탐내다. 아까워하다. 476

【保】 보전할 / 보 　 보호하여 안전하게 하다. 보증서다. 알다. 97

【望】 바랄 / 망 　 기대하다. 바라보다. 원망하다. 이름. 599

【龍】 용 / 용 　 상상 속의 신령한 동물. 말. 언덕. 은총. 1431

【德】 덕 / 덕 　 도를 행하여 체득한 성품. 행복. 덕 베풀다. 455

【忍】 참을 / 인 　 견디다. 용서하다. 참음. 잔인하다. 차마 못하다. 458

【期】 바랄 / 기 　 요망하다. 시기. 때. 기다리다. 결정하다. 601

【獅】 사자 / 사 　 고양이과에 속하는 맹수. 師와 통용. 801

【永】 길 / 영 　 강의 길이가 길다. 멀다. 깊다. 오래도록. 682

【背】 등질 / 배 　 배반하다. 어기다. 등. 뒤. 죽다. 1016

제 10 과

【散】 흩어질 / 산 　 흩어지다. 흐트리다. 쓸모없다. 한가. 겨를. 550

【頗】 자못 / 파 　 매우. 자못. 상당히. 조금. 약간. 1352

【富】 부자 / 부 　 부유하다. 넉넉하다. 冨는 속자. 362

제 11 과

【遮】 이 / 자(차) 　 이것. 막을(차). 차(此)나 저(這)와 뜻이 같다. 1235

【盡】 다할 / 진 　 죄다 없어지다. 모두 다. 가령. 863

【斷】 끊을 / 단 　 단절하다. 그만두다. 斷은 속자. 562

【彼】 저 / 피 　 此의 상대. 그(나의 상대). 저편. 444

【謀】 꾀할 / 모 　 계획하다. 꾀. 계략. 상의하다. 1153

【際】 가 / 제 　 끝. 변두리. 사이. 때. 사귀다. 닿다. 만나다. 1315

【絶】 끊을 / 절 　 두 동강이 내다. 끊어지다. 지나다. 결코. 962

【造】 지을 / 조 　 만들다. 시작하다. 처음. 넣다. 갑자기. 2224

제 12 과

【移】 옮길 이	장소를 옮기다. 위치를 바꾸다. 옮다. 909
【速】 빨리 속	급속히. 신속하다. 초청하다. 초래하다. 1223
【晦】 그믐 회	음력 매월 말일. 밤. 어둠. 감추다. 582
【到】 이를 도	닿다. 도달하다. 세밀하다. 속이다. 166

제 13 과

【識】 알 식	알다. 알음알이. 지식. 식견. 표할(지). 1158
【過】 지낼 과	지나다. 지나치다. 예전. 허물. 나무라다. 1229
【活】 살 활	생존하다. 살아나가다. 살리다. 콸콸 흐르다. 705
【莫】 없을 막	無와 상당하게 쓰인다. 아무것도 없다. 1057
【急】 급할 급	절박하다. 빠르다. 서두르다. 팽팽하다. 462

發心 終

허공계(虛空界)가 다해야
나의 예배 공경도 다할 것이나,
허공계가 다할 수 없으므로,
나의 예배 공경도 다함이 없습
니다.   ―화엄경 보현행원품―

自 警 文

제 3 장

【野】 들 야	벌판. 교외. 성 밖. 문 밖. 야하다. 미개하다. 1261
【雲】 구름 운	하늘. 1329
【比】 견줄 비	비교하다. 따르다. 돕다. 무리. 동류. 자주. 672
【丘】 언덕 구	구릉. 산. 마을. 무덤. 공허하다. 33

제 1 과

【裏】 속 리	내부. 안. 1117
【汝】 너 여	2인칭 대명사. 684
【于】 어조사 우	…에서. 후대에는 어(於)가 많이 쓰인다. 54
【覺】 깨달을 각	깨달은 이. 깨닫다. 나타나다. 잠이 깰(교). 1129
【恒】 항상 항	언제나. 항상하다. 467
【途】 길 도	도로. 길. 道는 대체로 도의(道義)의 뜻. 1222
【沈】 빠질 침	가라앉다. 가라앉히다. 진흙. 호수. 성(심). 688
【賊】 도둑 적	도적질 하는 사람. 도적질하다. 역적. 죽이다. 1176

【極】극히 극	지극히. 용마루. 끝. 최종. 멀다. 다해 없어지다. 635		【邇】가까울 이	거리가 짧다. 근처. 가까운 사람. 가까이 하다. 1239
【辛】괴로울 신	맵다. 독하다. 슬프다. 매운 맛. 1212		【盛】성할 성	한창인 모양. 그릇. 담다. 성하게 하다. 862
【嗚】오호라 오	탄식하는 소리. 253		【衰】쇠할 쇠	약하여지다. 기울어지다. 줄다. 줄이다. 1113
【呼】슬프다 할 호	탄식하는 소리. 부르다. 숨을 내쉬다. 236		【縱】가령 종	설사. 늘어지다. 놓아두다. 방종하다. 세로. 979
【割】가를 할	칼로 베어 끊다. 빼앗다. 해치다. 나누다. 173		【末】말세 말	난세. 끝. 꼭대기. 장사. 늙다. 가볍다. 606
【器】그릇 기	용기. 기구. 그릇으로 쓰다. 257		【値】만날 치	조우(遭遇)하다. 당하다. 가지다. 값. 102
【服】옷 복	의복. 일. 입다. 먹다. 좇다. 타다. 598		【奉】받들 봉	두 손으로 공경하여 들다. 바치다. 녹봉 316
【逕】가까울 경	지름길. 좁은 길. 지나다. 발자취. 1222		【良】좋을 량	훌륭하다. 아름답다. 곧다. 어질다. 남편. 잠깐. 1040
【漏】샐 루	틈으로 흘러 나오거나 비쳐 나오다. 구멍. 742		【醫】의원 의	병을 고치는 사람. 고치다. 의술. 1257
【妙】묘할 묘	불가사의하다. 신묘(神妙)하다. 젊다. 324		【設】베풀 설	만들다. 제작하다. 설령. 1137
【似】같을 사	상사(相似)하다. 그럴듯하다. 흉내내다. 81		【藥】약 약	병을 고치는 데 효력있는 물질. 약초. 약쓰다. 1082
【虎】범 호	고양이과에 속하는 맹수의 하나. 1086		【服】먹을 복	약을 먹다. 옷. 입다. 598
【靠】기댈 고	의지하다. 속문(俗文)에 쓰임. 1341		【咎】허물 구	죄과(罪過). 재앙. 미움. 미워하다. 239
【殊】뛰어날 수	특이하다. 유달리. 베다. 거의 죽다. 다르다. 665		【更】다시 갱	재차. 고치다. 바꾸다. 지나다. 시각. 591
			【展】구를 전	딩굴딩굴 구르다. 펴다. 살피다. 적다. 383
			【患】근심 환	걱정. 재앙. 병. 앓다. 미워하다. 469

제 2 과

【遐】멀 하	요원하다. 먼 데. 何와 통용. 1230		【興】일으킬 흥	일을 시작하다. 성(盛)하다. 느끼다. 흥취. 1034

한자	훈음	뜻풀이	번호
【決】	터질 결	결단하다. 터뜨리다. 이별하다. 결코.	686
【烈】	굳셀 렬	곧고 강하다. 세차다. 사납다. 빛나다.	764
【顚】	뒤집힐 전	넘어지다. 머리. 이마. 꼭대기. 정신이 미치다.	1357
【倒】	거꾸로 될 도	넘어지다. 넘어뜨리다. 거슬리다.	101
【祖】	선조 조	조상. 할아버지. 시조. 사당. 본받다.	897
【公】	공 공	사(私)의 상대. 공평무사하다. 드러내다.	137
【案】	안건 안	조사·논증을 요하는 사건. 책상. 초안.	625
【宜】	마땅히 의	당연히 …이어야 한다. 옳다. 화목하다.	352
【究】	궁구할 구	연구하다. 헤아리다. 다하다. 미워하다.	915
【悟】	깨달을 오	이치를 알아내다. 깨달음. 슬기로움.	471
【退】	물러날 퇴	물러가다. 물리치다. 되돌아 가다.	1219
【屈】	굽을 굴	굽히다. 다 없어지다. 오무라들다.	382

제 3 과

한자	훈음	뜻풀이	번호
【惟】	오직 유	단지. 유독. 이유. 생각하다. 생각컨대.	476
【斯】	이 사	此와 뜻이 같다. 떠나다. 비천하다.	560
【去】	갈 거	나아가다. 떠나가다. 지나다. 떨어지다. 버리다.	212
【遙】	멀 요	요원하다. 아득하다. 멀리. 거닐다.	1233
【弱】	쇠할 약	쇠약하다. 약하다. 날씬하다. 어리다.	435
【侈】	사치할 치	분에 넘치게 호사하다. 오만하다. 많다. 크다.	90
【敗】	패하게 할 패	지게 하다. 지다. 부수다. 무너뜨리다. 썩다.	548
【寡】	적을 과	작다. 홀어미. 늙은 과부. 수효가 적다.	364
【恐】	두려워할 공	무서워하다. 두려움. 공갈하다.	465
【錯】	어긋날 착	맞지 아니하다. 잘못하다. 꾸미다. 숫돌.	1278
【管】	관 관	가늘고 긴 대의 도막. 붓대. 맡다.	932
【撰】	서술할 찬	시문 따위를 짓다. 적다. 가리다. 일.	535
【策】	채찍 책	말채찍. 채찍질하다. 대쪽. 문서. 꾀. 과거 문제.	929
【違】	어길 위	위반하다. 어그러지다. 틀리다. 피하다.	1232
【禱】	빌 도	신불(神佛)에 기도하다.	904
【頌】	송 송	문체의 하나. 칭송하다. 신명(神明)에 고하는 글.	1351
【增】	늘 증	증가하다. 늘이다. 더욱.	290
【僑】	교만할 교	驕와 같다.	489
【腹】	배 복	위장. 마음. 두텁다. 껴안다.	1022
【猿】	원숭이 원	긴 팔 원숭이. 원숭이.	801

【肯】즐기어 할 긍	즐거이 나서서. 감히. 들어 주다. 뼈에 붙은 살.　1014
【度】건넬 도	渡와 같다. 법도. 스님이 되다. 정도.　420
【淪】빠질 륜	침몰하다. 잔물결. 거느 리다.　718

제 4 과

【軟】부드러 울 연	무르다. 연하다. 표현이 딱딱하지 아니하다.　1203
【耕】갈 경	논밭을 파서 뒤집다. 농 사. 일하다.　1004
【徒】다만 도	걸어 다니다. 무리. 동류. 일꾼. 징역. 죄수.　449
【功】공 공	공적. 보람. 공치사하다. 사업. 상복(喪服).　178
【傍】곁 방	옆. 가까이 하다. 의거하 다. 모시다.　110
【窮】다할 궁	끝나다. 막히다. 궁구하 다. 가난하다. 다하다.918
【勞】괴로워 할 로	괴롭게 하다. 수고하다. 병을 앓다. 공로.　183
【尙】오히려 상	猶와 뜻이 같다. 바라다. 숭상하다.　378
【殺】죽일 살	살해하다. 지우다. 빠르다. 매우. 심히. 어조사.　668
【奚】어찌 해	何와 통용. 어찌하여. 무 엇을. 어디로. 종.　318
【農】농부 농	농사. 힘쓰다. 농업.　1214
【寒】찰 한	춥다. 서늘하다. 곤궁하 다. 빈천하다. 추위.　362

【織】짤 직	베를 짜다. 조립하다. 베 틀. 표(치). 기(치).　982
【連】이을 련	연속하다. 계속하다. 연 하여. 친척. 더디다.　1224
【恩】은혜 은	혜택. 인정. 사랑하여 은 혜를 베풀다.　466
【衲】승복 납	스님의 옷. 스님. 옷을 깁 다.　1112
【蔬】푸성귀 소	채소의 총칭. 곡식의 낟 알. 疏와 통용.　1071
【積】쌓을 적	포개놓다. 쌓이다. 저축. 옷의 주름.　913
【陰】뒤 음	배후. 이면. 그늘. 어둠. 그 림자. 몰래. 생식기.　1307
【滴】물방울 적	방울물이 떨어지다.　740
【消】사라질 소	없애지다. 멸망하다. 사 용하다. 없애다.　708
【菜】나물 채	야채. 채마밭. 반찬. 누린 빛.　1058
【鶴】두루미 학	선금(仙禽). 실제로는 4 ·50년 산다.　1408
【伴】짝 반	동반자. 모시다. 의지하 다. 한가하다. 도반.　81
【侶】짝 려	벗. 동무. 벗하다. 동반하 다.　94
【岑】봉우리 잠	산봉우리. 높다. 언덕. 낭 떠러지.　388
【幽】그윽할 유	깊고 조용하다. 심원하다. 어둡다. 귀신. 구석.　417
【殘】남을 잔	잔존하다. 해치다. 잔인 하다. 멸하다.　665

제 5 과

【悋】	아낄 린	인색하다. 소중히 여기 다. 吝과 같다. 470
【禦】	막을 어	방어하다. 방어. 방해. 피하다. 902
【貧】	가난할 빈	빈한하다. 가난. 학문· 재덕이 부족하다. 1172
【乞】	빌 걸	구걸하다. 청하다. 구하 다. 거지. 요청. 주다. 47
【乏】	떨어질 핍	물자가 다 없어지다. 모 자라다. 비다. 42
【般】	수사 반	사물을 세는 수사(數 詞). 돌다. 옮기다. 1038
【將】	가질 장	잡아 가지다. 인솔하다. 장수. 장차. 청컨대. 371
【載】	해 재	연세. 싣다. 타다. 비로 소. 책. 실행하다. 1205
【只】	다만 지	다만. …뿐이다. 宋代 이전 에는 기(祇)도 썼다. 219
【盂】	사발 우	음식을 담는 그릇. 발우. 사냥할 때 진형(陣形). 860
【蓄】	쌓을 축	쌓아 모으다. 저축하다. 기르다. 양성하다. 1070

제 6 과

【災】	재앙 재	화재. 화난(火難). 761
【數】	자주 삭	여러 번 하다. 셈(수). 헤아릴(수). 552

【飛】	날 비	공중에 떠서 가다. 날리 다. 튀다. 1362
【殃】	재앙 앙	주로 하늘이나 신명(神明)이 내 리는 재화(災禍). 해치다. 664
【步】	걸음 보	발걸음. 걷다. 보병. 처세 하다. 운수. 운명. 659
【獸】	짐승 수	네 발이 달리고 털이 있 는 동물. 803
【箭】	살 전	화살. 화살용 대나무. 933
【禪】	선 선	범어 Dhyana의 음역. 참 선. 선정(禪定). 선종. 903
【蹤】	쫓을 종	뒤를 쫓아가다. 발자취. 놓 다. 縱과 통용. 1196
【把】	잡을 파	손으로 움켜쥐다. 묶어놓 은 덩이. 손잡이. 507
【茅】	떠집 모	띠로 지붕을 인 집. 띠. 포아풀과 다년초. 1050
【庵】	암자 암	초막. 부처님을 모신 작 은 집. 422
【寥】	쓸쓸할 료	쓸쓸하다. 공허하다. 하 늘. 365

제 7 과

【朋】	벗 붕	친구. 동문 수학하는 사 람. 떼. 무리. 쌍조개. 598
【擇】	가릴 택	선택하다. 구별하다. 고 르다. 차별하다. 536
【選】	가릴 선	여럿 가운데서 뽑다. 잠 깐. 춤추다. 1236
【承】	받들 승	봉승(奉承)하다. 잇다. 돕다. 후계. 차례. 505

【事】섬길 사　받들어 모시다. 일. 부리다. 일삼다.　51

【冤】원수 원　원한. 원통하다. 원죄.　149

【烏】까마귀 오　몸이 온통 검은 새. 검다. 어찌.　764

【計】꾀할 계　계획. 책략. 계획을 세우다. 수를 세다.　1134

【鵬】붕새 붕　상상 속의 큰 새. 한번에 9만리를 난다 함.　1407

【鷦】뱁새 초　아주 보잘것없이 작은 새의 뜻.　1410

【葛】칡 갈　콩과에 속하는 낙엽만목(落葉蔓木). 갈포.　1066

【聳】솟을 용　높이 솟다. 솟게 하다. 두려워하다.　1009

【尋】길이 심　장척(丈尺). 긴 정도. 찾다. 묻다. 얼마나.　373

【免】벗어날 면　면하다. 벗다. 허락하다. 해산하다. 놓다.　127

【輩】무리 배　동등한 사람. 동아리. 짝. 상대자. 견주다.　1208

【頻】자주 빈　잇달아. 여러 번. 급하다. 찡그리다. 늘어서다.　1354

【荊】가시나무 형　가시가 있는 작은 관목. 곤장. 아내.　1053

【掃】쓸 소　소제하다. 제거하다. 바르다. 칠하다.　521

【透】사무칠 투　꿰뚫다. 투철하다. 뛰다. 도약하다. 던지다.　1221

【關】대궐문 관　궁성의 문. 대궐. 이지러지다. 뚫다. 홈.　1298

제 8 과

【曠】멀 광　요원하다. 공허하다. 텅 비다. 넓다. 밝다.　589

【惺】깨달을 성　개오(開悟)하다. 조용하다.　481

【昧】어두울 매　어리석다. 어두침침하다. 탐하다. 무릅쓰다.　577

【威】거동 위　예모있는 거동. 위엄. 세력. 힘.　329

【儀】거동 의　기거 동작. 본보기. 법. 짝. 마땅히.　118

【密】빽빽할 밀　짙다. 밀집하다. 은밀하다. 가깝다. 몰래.　360

【追】쫓을 추　급히 뒤따라가다. 쫓다. 내쫓다. 좇다.　1218

【刹】절 찰　불사(佛寺). 불탑(佛塔). 기둥.　168

【那】어찌 나　많다. 편안하다. 어느. 어떤.　1240

【驚】놀랄 경　말이 겁내어 소리치다. 놀래다.　1382

【怖】두려워할 포　무서워하다. 떨다. 두려움.　463

【須】잠깐 수　잠시. 수염. 기다리다. 바라다. 모름지기.　1351

【臾】잠깐 유　잠시. 권하다.　1033

【籠】쌀 롱　속에 넣어 싸다. 대그릇. 새장. 탈 것.　941

【迷】헤맬 미　길을 잃고 헤매다. 방황하다.　1218

【程】길 정	다니는 길. 한도. 법. 헤아리다.	910
【箇】이 개	속어로 此와 같다. 낱.	931
【拈】집을 점	손가락으로 쥐다. 본음(本音)은 넘.	512
【吹】불 취	숨기운을 내어 보내다. 관악 음악. 바람.	232
【利】날카로 울 리	칼날이 잘 들다. 이익. 이롭다.	164

제 9 과

【謙】겸손할 겸	사양하다. 제 몸을 낮추다. 양보하다.	1154
【讓】겸손할 양	사양하다. 겸손. 사퇴하다. 넘겨주다.	1162
【漸】차차 점	점점. 차츰차츰. 차례. 흐르다. 물들다.	746
【朽】썩을 후	썩은 냄새.	607
【舟】배 주	선박. 몸에 띠다.	1037
【卑】낮을 비	낮게 여기다. 낮추다.	200
【崩】무너질 붕	산 같은 것이 무너지다. 천자(天子)가 죽다.	392
【凡】대개 범	대체로. 결국. 모두 합쳐. 모두. 평범하다.	153
【藏】감출 장	속에 넣어두다. 숨다. 臟과 통용.	1080
【蹤】걸음 룡	어린애 걸음걸이. 아장아장 걷다. 《康熙》	

【踵】발꿈치 종	발의 후부. 뒤를 밟다. 자주. 도달하다.	1194
【吟】끙끙거 릴 음	끙끙 앓다. 읊조리다. 읊다.	231

제 10 과

【害】해칠 해	해롭게 하다. 훼방하다. 재앙. 어찌(할).	356
【眼】눈 안	눈알. 눈맵시. 바늘 따위의 구멍. 보다.	872
【覩】볼 도	睹와 같다.	1128
【隱】숨을 은	자취를 감추다. 숨기다. 쌓다. 기대다.	1317
【閻】이문 염	마을의 문. 마을. 아리땁다.	1296
【引】끌 인	이끌다. 당기다. 늘이다. 자살하다.	433
【獄】옥 옥	감옥. 소송. 판결. 법. 죄악.	801
【鎖】쇠사슬 쇄	쇠고리를 이은 줄. 자물쇠. 매다. 수갑.	1281
【陀】비탈질 타		1304
【蓮】연 련	부용(芙蓉). 연밥. 구품연대(九品蓮台).	1072
【臺】대 대	관망할 수 있는 흙단. 성문. 정자. 받침. 台.	1032
【拘】잡을 구	체포하다. 잡히다. 껴안다. 굽다.	513

제 11 과

【揮】뿌릴 휘　　액체를 뿌리다. 휘두르다. 지휘하다. 528

【復】다시 부　　또. 재차. 덮다. 회복할(복). 돌아갈(복). 452

【黨】무리 당　　단체. 마을. 돕다. 혹시. 치우치다. 1422

【饕】탐할 도　　재화 또는 음식을 탐내다. 1371

【餮】탐할 철　　탐식하다. 〈도철〉은 욕심 많은 동물의 뜻. 1369

【濃】두터울 농　　정의가 두텁다. 색이 진하다. 짙다. 753

【厚】두터울 후　　친밀하다. 두껍다. 깊다. 두께. 209

【疎】드물 소　　성기다. 멀어지다. 멀리하다. 트이다. 채소. 839

【冷】식힐 랭　　차게 하다. 얼다. 차다. 맑다. 150

【却】어조사 각　　퇴각. 도리어. 207

【鉢】발우 발　　바리때. 스님의 공양 그릇. 중노릇. 1270

【飽】배부를 포　　충분히 먹다. 만족하다. 1366

【微】작을 미　　미천하다. 은밀하다. 쇠하다. 천하다. 453

【願】바라건대 원　　바라노니. 바라다. 기원하다. 원력. 1356

【蘿】여라 라　　선태류(蘚苔類)에 속하는 이끼.(칡) 1086

제 12 과

【勿】말 물　　…하지 말라. …이 아니다. 186

【吾】나 오　　우리. 글 읽는 소리. 234

【蒙】받을 몽　　주는 것을 받다. 입다. 소나무 겨우살이. 1068

【毀】헐 훼　　험담을 하다. 무너지다. 이 갈다. 669

【怠】게으를 태　　태만하다. 업신여기다. 게으름. 462

【譏】나무랄 기　　비난하다. 책망하다. 충고하다. 1157

【譽】기릴 예　　칭찬하다. 명예. 즐기다. 1160

【竟】마칠 경　　끝나다. 끝. 지경. 境과 같다. 921

【昏】어두울 혼　　어지럽다. 일찍 죽다. 날 저물다. 576

제 13 과

【辭】사퇴할 사　　작별하고 떠나다. 말씀. 핑계. 사양하다. 1213

【那】어찌 나　　어찌하여. 많다. 편안하다. 어조사. 1240

【圓】둥글 원　　원형. 동그라미. 둘레. 새 알. 272

【鏡】거울 경　　비추다. 비추어 보다. 안경. 1283

【沒】 빠질 몰　가라앉다. 다하다. 죽다. 지나치다.　689

【昇】 오를 승　해가 떠오르다. 승진. 올리다.　573

【降】 내릴 강　낮은 데로 옮기다. 떨어지다. 항복할(항).　1304

【縛】 포승 박　묶다. 얽다. 동이다.　977

【契】 맞을 계　합치하다. 맺다. 두터운 정. 서약.　317

【兮】 어조사 혜　(감정을 터뜨려서) …여. …인가.　139

제 14 과

【盲】 눈먼 맹　눈이 멀다. 장님. 어둡다. 바람이 빠르다.　867

【普】 넓을 보　두루 넓다. 프러시아.　584

【邊】 가 변　가장자리. 변두리. 변방. 두메. 곁. 이웃.　1239

【咸】 다 함　모두. 같다. 두루미치다. 충만하다.　241

【拯】 건질 증　돕다. 구원하다. 들어올리다.　515

【濟】 건널 제　물을 건너다. 성취하다. 건지다. 돕다.　754

【腑】 장부 부　마음. 담·위·대장·소장 등 내장.　1020

【權】 권도 권　방편. 임기응변. 저울추. 권세. 무궁화.　651

【洪】 큰물 홍　대수(大水). 크다.　704

【濤】 물결 도　큰 물결. 물결일다.　754

【楫】 노 즙　배젓는 기구. 노젓다.　635

【岸】 언덕 안　낭떠러지. 층계. 인물이 뛰어나다.　389

【倫】 무리 륜　동류(同類). 인류. 차례. 선택하다.　104

【昔】 옛 석　옛날. 접때. 저녁. 오래되다.　576

【丈】 어른 장　장자(長者)의 존칭. 열자. 지팡이.　22

【爾】 그러할 이　너. 2인칭대명사. 가깝다. 단지. 뿐.　786

【證】 증명할 증　증거. 깨달음.　1157

【陷】 빠질 함　빠뜨리다. 함정.　1311

【兔】 토끼 토　달.　128

【催】 재촉할 최　죄어치다. 닥쳐오다. 일어나다. 베풀다.　111

【像】 꼴 상　모양. 상. 법. 닮다. 본뜨다.　115

【促】 재촉할 촉　절박하다. 급하다. 짧다. 악착스럽다.　95

【露】 이슬 로　적시다. 젖다. 고달프다. 드러나다.　1335

【榮】 번영할 영　성하다. 꽃. 빛. 피. 나타나다.　639

【烟】 연기 연　煙의 속자. 담배. 그을음.　772

【勸】 권할 권　장려하다. 인도하다. 힘쓰다. 권고.　186

【慇】은근할 은　간절하다. 근심하다.　482

【懃】은근할 근　정성스럽다. 곡진(曲盡)하다.　490

【端】끝 단　포백(布帛)의 길이 단위. 바르다.　923

自警 終

講院 所依經典 大旨 一覽表

연 번	經　　典	大　　　　旨	
1	初發心自警文	初發菩提心	勤修戒定慧
2	緇　門	遏　浮　情	誡　邪　業
3	書　狀	斥　邪　解	顯　正　見
4	禪　要	奮　大　志	透　玄　關
5	都　序	會　三　宗	歸　一　宗
6	節　要	揀　頓　漸	顯　靈　知
7	起　信　論	開　二　門	歸　一　心
8	楞　嚴　經	棄　濁　染	發　妙　明
9	金　剛　經	破　二　執	顯　三　空
10	圓　覺　經	揀　頓　漸	顯　靈　知
11	華　嚴　經	統　萬　法	明　一　心

暗記・49과・難字集

初發心自警文

우리출판사

□ 차 례

誡初心學人文

海東沙門 牧牛子 述

夫(제1과) 初心之人은 須遠離惡友하고 親近賢善하야 受五戒十

戒等하야 善知持犯開遮하라 但依金口聖言이언정 莫順庸

流妄說이어다 旣(제2과)已出家하야 參陪淸衆인댄 常念柔和善順

不得我慢貢高니라 大者는 爲兄하고 小者는 爲弟니 儻

有諍者어던 兩說을 和合하야 但以慈心相向이언정 不得惡

語傷人이어다 若(제3과)也欺凌同伴하야 論說是非ㄴ댄 如此出家는

全無利益이라니 財色之禍는 甚於毒蛇하니 省己知非하야

常須遠離어다

제4과 無緣事則不得入他房院하며 當屛處하야 不得強知他事하며 非六日이어든 不得洗浣內衣하며 臨盥漱하야 不得高聲涕唾하며 行益次에 不得搪揆越序하며

제5과 經行次에 不得開襟掉臂하며 言談次에 不得高聲戲笑하며 非要事어든 不得出於門外하며 有病人이어든 須慈心守護하며 見賓客이어든 須欣然迎接하며 逢尊長이어든 須肅恭廻避하며 作聲하며 執放에 要須安詳하야 不得舉顏顧視하며 不得欣厭精麁하고 須默無言說하며 須防護雜念하며

제6과 辦道具호되 須儉約知足하며 齋食時에 飮啜을 不得

제7과 須知受食이 但療形枯하야 爲成道業하며 須念般若心經호되 觀

三輪清淨하야 不違道用이어다

제8과 赴焚修호되 須早暮勤行하야

自責懈怠하며 知衆行次하야 不得雜亂하며 讚唄祝願호되

須誦文觀義언정 不得但隨音聲하고 不得韻曲不調하며

瞻敬尊顏호되 不得攀緣異境이어다

제9과 須知自身罪障이 猶

如山海하야 須知理懺事懺으로 可以消除하며 深觀能禮

所禮ㅣ 皆從眞性緣起하며 深信感應이 不虛하야 影響

相從이니라

제10과 居衆寮하되 須相讓不爭하며 須互相扶護하며 愼諍論勝

負하며 愼聚頭開話하며 愼誤着他鞋하며 愼坐臥越次하며

對客言談에 不得揚於家醜하고 但讚院門佛事언정 不得

詣庫房하야 見聞雜事하고 自生疑惑이어다

 非要事어든 不得

遊州獵縣하야 與俗交通하야 令他憎嫉하고 失自道情이어다

儻有要事出行이어든 告住持人과 及管衆者하야 令知去

處하며 若入俗家어든 切須堅持正念호되 愼勿見色聞聲

하고 流蕩邪心이온 又況披襟戲笑하야 亂說雜事하며 非時

酒食으로 妄作無碍之行하야 深乖佛戒아 又處賢善人의

嫌疑之間이면 豈爲有智慧人也리요

 住社堂호되 愼沙彌同行하며 愼人事往還하며 愼見他好

惡하며 愼貪求文字하며 愼睡眠過度하며 愼散亂攀緣다이어

 若遇宗師ㅣ陞座說法이어 切不得於法에 作懸崖想하야

生退屈心하며 或作慣聞想하야 生容易心하고 當須虛懷
聞之하면 必有機發之時니하리 不得隨學語者하야 但取口
辦다이어 제15과 所謂蛇飲水하면 成毒하고 牛飲水하면 成乳ㄴ달하야 智
學은 成菩提하고 愚學은 成生死이라함 是也니라 又不得於
主法人에 生輕薄想하라 因之於道에 有障하면 不能進修
니하리 切須愼之어다 제16과 論에 云호되 如人이 夜行에 罪人이 執炬
當路어든 若以人惡故로 不受光明하면 墮坑落壍去矣
제17과 聞法之次에 如履薄氷하야 必須側耳目而聽玄音
肅情塵而賞幽致라가 下堂後에 默坐觀之호되 如有
所疑어든 博問先覺하며 夕惕朝詢하야 不濫絲髮다이어 제18과 如是

라야 乃可能生正信하야 以道爲懷者歟ㄴ저 無始習熟한

愛欲恚癡ㅣ 纏綿意地하야 暫伏還起하야 如隔日瘧하나

제19과 ■切時中에 直須用加行方便智慧之力하야 痛自遮護

언정 豈可閒談으로 遊談無根하야 虛喪天日하고 欲冀心宗

而求出路哉리요 但堅志節하야 責躬匪懈하며 知非遷善

하야 改悔調柔어다 **제20과** 勤修而觀力이 轉深하고 鍊磨而行門이

益淨라하리 長起難遭之想하면 道業이 恒新하고 常懷慶幸

之心하면 終不退轉니하리 如是久久하면 自然定慧圓明하야

見自心性하며 用如幻悲智하야 還度衆生하야 作人天大

福田니하리 切須勉之어다

初心 終

發心修行章

海東沙門　元曉　述

夫 (제1과) 諸佛諸佛이 莊嚴寂滅宮은 於多劫海에 捨欲苦行이요

衆生衆生이 輪廻火宅門은 於無量世에 貪慾不捨니라

無防天堂에 少往至者는 三毒煩惱로 爲自家財요 無誘

惡道에 多往入者는 四蛇五欲으로 爲妄心寶니라 人 (제2과) 誰不

欲歸山修道마는 而爲不進은 愛欲所纏이니 然而不歸

山藪修心이나 隨自身力하야 不捨善行이어 自樂을 能捨하면

信敬如聖이요 難行을 能行하면 尊重如佛이니 慳 (제3과) 貪於物은

是魔眷屬이요 慈悲布施는 是法王子니라 高嶽嵳巖은 智
人所居요 碧松深谷은 行者所捿니라 飢殍木果하야 慰其
飢腸하고 渴飮流水하야 息其渴情이니라 喫甘愛養도하야 此身은
定壞요 着柔守護도하야 命必有終이니라 **助** [제4과] 響巖穴로 爲念佛
堂하고 哀鳴鴨鳥로 爲歡心友니라 拜膝이 如氷이라도 無戀
火心하며 餓腸이 如切이라도 無求食念이라 忽至百年늘이어 云
何不學하며 一生이 幾何관대 不修放逸고
離 [제5과] 心中愛를 是名沙門이요 不戀世俗을 是名出家니라 行
者羅網은 狗被象皮요 道人戀懷는 蝟入鼠宮이니 雖有
才智나 居邑家者는 諸佛이 是人에 生悲憂心하시고 設無

道行이나　住山室者는　衆聖이　是人에　生歡喜心하나니라　雖有

제6과

才學이나　無戒行者는　如寶所導而不起行이요　雖有勤行

이나　無智慧者는　欲往東方而向西行이라니　有智人의　所行은

蒸米作飯이요　無智人의　所行은　蒸沙作飯이라니　共知喫食

제7과

而慰飢腸하되　不知學法而改癡心이라니　行智具備는　如

車二輪이요　自利利他는　如鳥兩翼이라니　得粥祝願하되　不

解其意하면　亦不檀越에　應慚愧乎며　得食唱唄하되　不達

제8과

其趣하면　亦不賢聖에　應羞恥乎아　人惡尾蟲이　不辨淨

穢하야　聖憎沙門이　不辨淨穢니라　棄世間喧하고　乘空天

上은　戒爲善梯니　是故로　破戒하고　爲他福田은　如折翼鳥

負龜翔空이라 제9과 自罪를 未脫하면 他罪를 不贖이니 然하니

豈無戒行하고 受他供給이리요 無行空身은 養無利益이요

無常浮命은 愛惜不保니라 望龍象德하야 能忍長苦하고

期獅子座하야 永背欲樂이라 제10과 行者心淨하면 諸天이 共讚하고

道人이 戀色하면 善神이 捨離니라 四大一忽散이라 不保

久住니 今日夕矣라 頗行朝哉ㄴ저 世樂이 後苦어늘 何貪

着哉며 一忍이 長樂이어늘 何不修哉리요 道人貪은 是行者

羞恥요 出家富는 是君子所笑니라 제11과 遮言이 不盡이어 第二無盡이어 不斷愛着

此事無限이어 世事不捨하며 彼謀無際어늘 絶心不起

今日不盡늘이어 造惡日多하며
明日無盡늘이어 作善日少로다

제12과
今年不盡늘이어 無限煩惱하며
來年無盡늘이어 不進菩提로다

時時移移하야 速經日夜하며
日日移移하야 速經月晦하며

月月移移하야 忽來年至하며
年年移移하야 暫到死門하나니

제13과
破車不行이요 老人不修라
臥生懈怠하고 坐起亂識이니

幾生不修하고 虛過日夜하며
幾活空身이완대 一生不修오

身必有終니하리 後身은 何乎아
莫速急乎며 莫速急乎아

發心終

自警文

野雲比丘 述

제1과

主人公아 聽我言하라 幾人이 得道空門裏어늘 汝何長輪

苦趣中고 汝自無始已來로 至于今生히 背覺合塵고 墮

落愚癡하야 恒造衆惡而入三途之苦輪하며 不修諸善

而沈四生之業海로다 身隨六賊故로 或墮惡趣則極辛

極苦하고 心背一乘故로 或生人道則佛前佛後로다 今赤

幸得人身이나 正是佛後末世니 嗚呼痛哉라 是誰過歟아

雖然이나 汝能反省하야 割愛出家하야 受持應器하고 着大

法服하야 履出塵之逕路하고 學無漏之妙法하면 如龍得水요 似虎靠山이라 其殊妙之理는 不可勝言이니라

제2과

人有古今이언정 法無遝邐하며 人有愚智언정 道無盛衰하나니 雖在佛時나 不順佛敎則何益이며 縱値末世나 奉行佛敎則何傷이리오 故로 世尊이 云하사대 我如良醫하야 知病設藥하노니 服與不服은 非醫咎也며 又如善導하야 導人善道하되 聞而不行은 非導過也라 自利利人이 法皆具足하니 若我久住라도 更無所益이라 自今而後로 我諸弟子ㅣ 展轉行之則如來法身이 常住而不滅也시니라 若知如是理則但恨自不修道언정 何患乎末世也리요 伏望하노니 汝須興決

烈之志하고 開特達之懷하야 盡捨諸緣하고 除去顚倒하며

眞實爲生死大事하야 於祖師公案上에 宜善叅究하야 以

大悟로 爲則하고 切莫自輕而退屈다이어 惟 斯末運에 去聖

時遙하야 魔强法弱하고 人多邪侈하야 成人者少하고 敗人

者多하며 智慧者寡하고 愚癡者衆하야 自不修道하고 亦惱

他人니하나 凡有障道之緣은 言之不盡이라 恐汝錯路故로

我以管見으로 撰成十門하야 令汝警策니하노 汝須信持하야

無一可違를 至禱至禱라하노 頌曰

愚心不學增憍慢이요 癡意無修長我人다이로

空腹高心如餓虎요 無知放逸似顚猿다이로

邪言魔語肯受聽하고
聖教賢章故不聞이로다
善道無因誰汝度리요
長淪惡趣苦纏身이니라

其 (제4과)

一은 軟衣美食을 切莫受用이어다
自從耕種으로 至于口身히 非徒人牛의 功力多重이라 亦
乃傍生의 損害無窮이어늘 勞彼功而利我라도 尙不然也온
況殺他命而活己를 奚可忍乎아 農夫도 每有飢寒之
苦하고 織女도 連無遮身之衣온 況我長遊手어니 飢寒을
何厭心이리요 軟衣美食은 當恩重而損道요 破衲蔬食은
必施輕而積陰이라 今生에 未明心하면 滴水도 也難消니라
頌曰

菜根木果慰飢腸하고

松落草衣遮色身이어다

野鶴靑雲爲伴侶하고

高岑幽谷度殘年이어다

其二는 自財를 不悋하고 他物을 莫求어다

六度門中에 行檀이 居首니라

三途苦上에 貪業이 在初요

慳貪은 能防善道요 慈施는 必禦惡徑이니 如有貧人이

來求乞든이어 雖在窮乏도이라 無悋惜하라

亦空手去라 自財도 無戀志어든 他物에 有何心이리 萬般

將不去요 唯有業隨身이라 三日修心은 千載寶요 百年

貪物은 一朝塵라이니 頌曰

三途苦本이 因何起오 只是多生貪愛情다이로

我佛衣盂生理足커늘　如何蓄積長無明고

其三은 口無多言하고 身不輕動다이어

身不輕動則息亂成定이요 口無多言則轉愚成慧니라

實相은 離言이요 眞理는 非動이라 口是禍門이니 必加嚴守하고

身乃災本이니 不應輕動이라 數飛之鳥는 忽有羅網

之殃이요 輕步之獸는 非無傷箭之禍니라 故로 世尊이 住

雪山하시되 六年을 坐不動하시고 達磨—居少林하사 九歲를

默無言하시니 後來叅禪者는 何不依古蹤이리요 頌曰

身心把定元無動하고 默坐茅庵絶往來어다

寂寂寥寥無一事하니 但看心佛自歸依어다

其四는 但親善友하고 莫結邪朋하라

鳥之將息에 必擇其林이요 人之求學에 乃選師友니 擇

林木則其止也安하고 選師友則其學也高니라 故로 承事

善友를 如父母하고 遠離惡友를 似冤家니라 鶴無烏朋之

計어니 鵬豈鷦友之謀리오 松裏之葛은 直聳千尋이요 茅

中之木은 未免三尺이니 無良少輩는 頻頻脫하고 得意高

流는 數數親다이어 頌曰

其五는 除三更外에 不許睡眠다이어

住止經行須善友하야 身心決擇去荊塵이어

荊塵掃盡通前路하면 寸步不離透祖關하리라

曠劫障道는 睡魔莫大니 二六時中에 惺惺起疑而不
昧하며 四威儀內에 密密廻光而自看하라 一生을 空過하면
萬劫에 追恨이니 無常은 刹那라 乃日日而驚怖요 人命은
須臾라 實時時而不保니라 若未透祖關인댄 如何安睡眠
이리요

頌曰

睡蛇雲籠心月暗하니 行人到此盡迷程다이로
箇中에 拈起吹毛利하면 雲自無形月自明하리라

其六은 切莫妄自尊大하고 輕慢他人이어다

修仁得仁은 謙讓이 爲本이요 親友和友는 敬信이 爲宗
라이니 四相山이 漸高하면 三途海ㅣ 盆深니하나 外現威儀는

如尊貴나 內無所得은 似朽舟니라 官益大者는 心益小하고 道益高者는 意益卑니라 人我山崩處에 無爲道自成하나니 凡有下心者는 萬福이 自歸依니라 頌曰

憍慢塵中藏般若요 我人山上長無明을 輕他不學蹉跎老하면 病臥辛吟限不窮라하리라

其七은 見財色든이어 必須正念對之어다 害身之機는 無過女色이요 喪道之本은 莫及貨財니라 是故로 佛垂戒律하사 嚴禁財色대하사 眼觀女色든이어 如見虎蛇하고 身臨金玉든이어 等視木石시니 雖居暗室이나 如對大賓하고 隱現同時하며 內外莫異어다 心淨則善神이 必

護하고 戀色則諸天이 不容이나 神必護則雖難處而無

難이요 天不容則乃安方而不安이니라 頌曰

利慾閻王引獄鎖요 淨行陀佛接蓮臺니라

鎖拘入獄苦千種이요 船上生蓮樂萬般이니라

其八은 莫交世俗하야 令他憎嫉이어다

離心中愛曰沙門이요 不戀世俗曰出家니라

揮人世어니 復何白衣로 結黨遊리요 愛戀世俗은 爲饕餮

饕餮殘은 由來로 非道心이라 人情이 濃厚하면 道心疎

冷却人情永不顧니라 若欲不負出家志ㄴ댄 須向名

山窮妙旨호되 一衣一鉢로 絶人情하고 飢飽에 無心하면

道自高니라　頌曰

爲他爲己雖微善이나　皆是輪廻生死因이니
願入松風蘿月下하야　長觀無漏祖師禪다이어

其九는[제12과]　勿說他人過失하라

雖聞善惡이나　心無動念이니　無德而被讚은　實吾慚愧요
有咎而蒙毀는　誠我欣然이니　欣然則知過必改요　慚愧
則進道無怠니라　勿說他人過하라　終歸必損身이니　若聞
害人言든이어　如毀父母聲하라　今朝에　雖說他人過나　異日에
回頭論我咎니라　雖然이나　凡所有相이　皆是虛妄이니　讒
毀讚譽에　何憂何喜리요　頌曰

終朝亂說人長短타가　竟夜昏沈樂睡眠이로다

如此出家徒受施라　必於三界出頭難하리라

其十은 居衆中하야 心常平等이어다

割愛辭親은 法界平等이니 若有親踈면 心不平等이라 雖
復出家나 何德之有리요 心中에 若無憎愛之取捨하면 身
上에 那有苦樂之盛衰리요 平等性中에 無彼此하고 大圓
鏡上에 絶親踈니라 三途出沒은 憎愛所纏이요 六道昇降
은 親踈業縛이니 契心平等하면 本無取捨니 若無取捨면
生死何有리요 頌曰

欲成無上菩提道ㄴ댄　也要常懷平等心이어다

若有親踈憎愛計하면　道加遠兮業加深하리라

主人公아　汝値人道호미　當如盲龜遇木늘이어　一生이　幾何

不修懈怠오　人生難得이요　佛法難逢이라　此生에　失

却하면　萬劫에　難遇니　須持十門之戒法하야　日新勤修而

不退하고　速成正覺하야　還度衆生하라　我之本願은　非謂

汝獨出生死大海라　亦乃普爲衆生也니　何以故오　汝

自無始以來로　至于今生히　恒値四生하야　數數往還호미

皆依父母而出沒也라　**故**로　曠劫父母ㅣ　無量無邊하니

由是觀之컨대　六道衆生이　無非是汝의　多生父母라　如

是等類ㅣ　咸沒惡趣하야　日夜에　受大苦惱니하나　若不拯

濟면 何時出離리요 嗚呼哀哉라 痛纏心腑로다 千萬望汝

니하노 早早發明大智하야 其足神通之力과 自在方便之

權으로 速爲洪濤之智楫하야 廣度欲岸之迷倫이어 君不

見가 從上諸佛諸祖ㅣ 盡是昔日에 同我凡夫ㅣㅣ러러 彼

旣丈夫라 汝亦爾니 但不爲也언정 非不能也니라 **古曰道** 제16과

不遠人이라 人自遠矣며라하 又云我欲仁이면 斯仁이 至矣

시니 誠哉라 是言也여 若能信心不退則誰不見性成佛

이리요 我今에 證明三寶고하옵 一一戒汝니하노 知非故犯則生

陷地獄니하리 可不愼歟며 可不愼歟아 頌曰

玉兔昇沈催老像이요 金烏出沒促年光이로다

求名求利如朝露요　或苦或榮似夕烟다이로

勸汝慇懃修善道하노니　速成佛果濟迷倫이어다

今生若不從斯語하면　後世當然恨萬端하리라

自警 終

＊ 참고 문헌

○ 이운허, 초발심자경문, 법보원, 1968.

○ 김탄허, 初發心自警文, 敎 林, 1985.

○ 崔法慧, 重添足本 禪苑淸規, 民族社, 1987.

○ 林基中、 불교가사、 譯經院、 1993.

○ 知默、 初發心自警文、 佛日出版社、 1988.